75

아! 꽃이 피었구나

이기숙 교단 수필집

42년
교단 생활의
발자국을
남기다

작가의 말

그 열매의 쓰임새를 생각하며

 시간을 꽁꽁 묶어두고 싶습니다. 필요할 때마다 여유롭게 꺼내어 쓸 수 있으면 얼마나 좋을까요. 이리 서두른 걸음을 하지 않아도 될 터이니 말입니다.

 적어도 한 분야에 전문가라는 이름이 붙여져도 좋을 만큼의 긴 세월이었습니다. 42년간의 교직 생활이 끝나갈 무렵 갈무리는 잘 되었는지 자꾸만 뒤돌아보아집니다. 디딘 발자국에 제가 모르는 흠집이 더러 있을 거라 여겨지기에 시간을 되돌려서라도 고쳐놓고 싶은 마음이 지금의 심정일까요? 완성을 추구하지만 어쩌면 앞으로도 영원히 그려내지 못할 미완성의 그림이 교육이 아닐지 조심스럽게 말을 꺼내 봅니다. 세월만큼 이 분야에 전문가가 되지 못하고 감히 서툰 글을 내놓아 앞으로 내디딜 걸음조차도 머뭉거려집니다.

  나름대로는 새싹을 틔워(屮) 풀이(艸) 자라서 꽃을(花) 피우려고 노력하였습니다. 그 빛깔과 향기가 어떠했는지는 알 수 없습니다. 사람마다 좋아하는 색깔이 있고 즐기는 향이 다르니까요. 그동안 저만의 빛깔과 향기로 아이들과 선생님들, 교육 행정지원을 담당하는 분들과 교육활동에 참여했습니다. 물론 늘 교육공동체와도 함께였지요.

  교직생활 마흔두 해를 뒤돌아보니 아이들의 천진난만한 웃음이 좋았고, 기발한 생각들이 저를 많이도 웃게 하였습니다. 때론 가슴이 저리도록 아픈 사연들이 많아 고뇌하는 날들도 있었지요. 저의 허물도 있었을 것입니다. 교사로서 서로 비교하지 말고 자신만의 멋진 꽃을 피울 수 있도록 아이들을 기다려야만 했었는데 욕심이 앞서 알묘조장(揠苗助長, 벼가 자라는 것을 도우려고 벼싹을 뽑아올림)의 어리석음을 범하지는 않았는지 지난 장면들을 하나씩 넘겨 봅니다.

  그동안 저 역시 아름다운 꽃을 피울 수 있도록 흙 속의 거름이 되고 물을 뿌려주며 하늘의 태양이 되어 주었던 우리 아이들이 있었기에 참으로 행복했지요. 그리고 아름다운 떠남을 할 수 있음은 아이들의 무한 긍정의 에너지 덕분이라 생각됩니다.

  교직 생활 마흔두 해의 발자취들이 한 편의 영화처럼 뇌리를 스칩니다. 많은 교육 활동에 참여하면서 함께 어울렸던 선생님들, 아날로그 방식으로 눈빛을 주고 받으며 생활했던 시절의 사람 향기가 참 좋았습니다. 또 제가 모셨던 교감, 교장 선생님들의 교직원 사랑에 대한 아련한 추억들이 떠오르기도 합니다. 관리자가 되어서 함께했던 부장, 교감 선생님들과 행정실장님들, 운영위원(장)님들, 학부모님들의 따뜻한 정은 남은 삶이 허전하지 않을 훈훈함으로 이어지겠지요.

이제 그 꽃의 할 일은 열매를 맺는 일입니다. 그 열매 또한 어떻게 쓰일지 모두가 궁금할 것입니다.

'자칫 손 놓고서 평생 후회할 일을 만들지 말라'는 넷째의 격려가 힘이 되었습니다. 앞으로 문인의 길을 가고 있는 여동생들에게도 가끔은 조언을 구해야겠지요. 그동안 최선을 다할 수 있도록 도움을 준 가족들에게도 감사의 말을 전하고 싶습니다.

끝으로 부족한 글을 완성하기까지 도움을 주시고 서평까지 해주신 분, 그리고 다급하게 원고를 건네면서 제 욕심만을 고집했는데도 이 세상에 하나밖에 없는 저의 교단 수필집을 완성해 주신 오하룡 도서출판경남 대표님과 오태민 편집실장님의 애쓰심에 진심으로 감사드립니다.

교직 생활을 마무리하는
2023년 2월에 **이기숙**

추천의 글

수필집 《아! 꽃이 피었구나》
출간을 축하드립니다

원기복(경상남도교육청 학교정책국장)

수필집 《아! 꽃이 피었구나》 출간을 진심으로 축하드립니다.

이 교단 수필집 속에는 이 교장 선생님의 교직 생활 42년의 삶의 궤적들이 모래 위의 발자국처럼 찍혀 있습니다. 한 권의 책이 이 세상에 나온다는 것은 우리 사회의 정신적 생명체가 하나 새로 탄생하는 것만큼 성스러운 일입니다. 진실로 축하드릴 일입니다.

학교의 행정적 업무, 학생들의 교육으로 바쁜 중에도 틈을 내어 수필가(2021년도 《문학 秀》)로 등단하신 것도 축하드릴 일이고, 더구나 이제 교단생활 42년의 발자국을 모아 한 권의 수필집으로 묶어 낸다니 얼마나 반가운 일인지 모르겠습니다.

세상의 인연은 참으로 소중합니다. 저는 이 교장 선생님과 함께 교직을 시작한 동기이자 교장 선생님과 같은 교직의 길을 걸어온 벗입니다. 교장 선생님은 학교생활에서 동료들과 지도하는 학생들에게 항상 자상하신 어머니 같은 모습으로 비쳤습니다. 잘못한 일이 있으면 꾸중보다는 어머니 같은 부드러운 말로 그 경위를 묻고 좋은 말로 다독이며 따뜻한 손길로 잘못을 깨우쳐 주었습니다. 또 학생들이 칭찬받을 일이 있으면 자기 자식처럼 다독이며 좋아했습니다.

그러면서도 학교에서 궂은일이 있으면 항상 먼저 나서는 그런 분이었습니다. 이 교장 선생님의 성품이 나약하거나 처리하는 일이 분명하지 않은 것이 아닙니다. 경우에 벗어난 일이라든지, 학생들의 지도나 동료 교사들의 권익에 해되는 일이 있으면 과감히 나서서 이를 시정하려는 과단성도 있는 분입니다. 이번에 교직 생활을 마무리하면서 발간되는 《아! 꽃이 피었구나》 수필집 속에는 학생들의 지도, 교원들의 생활을 담은 교원 문화들이 들어있습니다.

이 교장 선생님의 수필집 발간이 여러 현직 선생님들에게 교육의 어느 한 영역에서라도 도움이 되었으면 합니다.

거듭 수필집 《아! 꽃이 피었구나》 발간을 축하드립니다.

| 차례

003　작가의 말
006　추천의 글·**원기복**(경상남도교육청 학교정책국장)

제1부　아! 꽃이 피었구나

012　아! 꽃이 피었구나
018　또 다른 길은 있다
024　소중한 인연에 감사하며
029　이기숙은 마녀(魔女)다
035　웃음의 흔적
040　에든버러의 폭소
048　저의 이름을 불러주세요
053　박새의 감동

제2부　은행나무의 고뇌

060　은행나무의 고뇌
066　분홍색 두 줄
071　긴장도 즐겨보자
077　배려만이 능사인가!
083　특별한 졸업식

제3부 미소 띤 얼굴엔 행복한 마음이

088 미소 띤 얼굴엔 행복한 마음이
091 화양(花陽)의 야생화와 아이들
096 자신만의 빛나는 꿈은 참 아름답습니다
099 꿈꾸미 가족들의 영롱한 보석 열매
103 배움의 즐거움으로 모두가 행복한 교실
106 꿈이 있어 행복한 우암 어린이
108 더욱 값진 만남을 위해

제4부 자신을 키우는 힘

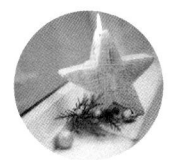

112 자신을 키우는 힘
118 사랑받기 위해 태어난 사람
121 사랑과 정으로 여물어 가는 대방 수영부의 꿈
127 저마다의 꿈을 캐는 조개섬 아이들
130 가슴 시린 사연과 자존감 교육
134 꿈을 이루기 위한 좋은 습관
137 나라와 겨레 위한 몸

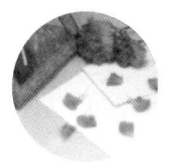

제5부 효(孝), 그 위대함이여!

- 142 효(孝), 그 위대함이여!
- 148 한숨까지 태운 보물
- 156 내리사랑
- 161 시간
- 165 2배 사과식초
- 170 잊지 못할 스승님

평설
- 178 한 여교사가 걸어온 교육 현대사의 파편들
  조현술(교육학 박사, 작가)

- 190 교장 선생님과 함께하는 한자·인성교육
- 199 금낭화
  (2017년 전국문학인꽃축제 꽃시 백일장 대상 작품)

제1부

아! 꽃이 피었구나

아! 꽃이 피었구나

얽힌 관계를 풀지 못하고 꼬이는 상태를 갈등(葛藤)이라 했던가!

어느 순간부터 나는 식물을 자세히 들여다보는 버릇이 생겼다. 나태주의 시 〈풀꽃〉에 나오는 '오래 보아야 사랑스럽다'라는 문장을 되뇌면서.

마을 산책길에는 칡넝쿨이 무성하고, 주남저수지의 둑길 끝에는 오래된 등나무가 행인들의 발걸음을 머무르게 한다. 묘한 것이 칡넝쿨은 반시계 방향으로, 등나무는 시계 방향으로 감기면서 자라는데 서로 엉키면 도저히 풀리지 않는 복잡함이 드러난다. 우리 조상들은 자연의 생태를 보고 갈등(葛藤)이란 단어를 만들어 냈나 보다. 우리네 삶에서도 무수한 갈등 상황은 계속되고, 그 문제를 원만하게 해결해야만 하는 고민 또한 숙명이다. 특히 조직의 최고 책임자는 문제가 발생하면 해결책을 찾기 위해 고심하면서 거치는 단계가 있다. 상황의 파악, 정확한 인지, 명확한 개념 정리와 관련 근거 등을 숙지하고 절차에 맞게 일을 처리해야 한다. 아울러 개선점이나 보완점을 찾아 서로가 만족할 수 있도록 거듭 고뇌하는 것이다. 그렇지만 때때로 예기치 않은 상황에서의 대응은 시행착오를 겪으며 참담할 때도 있다.

적자생존(?)*만이 살길이라는 세간의 우스갯소리가 철저한 생존의 법칙임을 일깨워 주는 예이기도 하다.

며칠 전부터 복잡한 문제의 내용들을 하나하나 들여다보며 단순화시키는 작업, 관련 근거와 리더의 역할에 대한 최선책을 찾느라 지난밤에는 거의 잠을 설쳤다.

살아온 날들 속에서 갈등 아닌 일이 얼마나 될까? 긴 고민 끝에 뇌리를 스치는 한 장의 그림, 한자 학습지 속의 황새관(雚)이다. 내 책상 위에는 늘 한자 학습지가 놓여 있다. 일부러 치우지 않고 시간 날 때마다 더 좋은 아이디어를 찾기 위해 넘겨 보곤 한다. 자세히 살폈다. 오래도록 생각해 보았다.

그래 관점(觀點)이야! '사물이나 현상을 관찰할 때, 그 사람이 보고 생각(觀)하는 태도나 방향 또는 처지(點)'라고 국어사전은 정의하고 있다. 다시 볼 관(觀)을 파자하면 황새 관(雚)과 볼 견(見)으로 나눌 수 있는데 여기서 관(雚)은 생각(마음)이고 보는 것은 견(見)이다. '마음속에서 황새가 먹이를 찾아 두리번거리는 눈만을, 아니면 위에 있는 볏만을 볼 것인가.'라는 생각의 차이. 우리들의 생김새가 각각 다르듯 사람마다의 생각, 즉 마음은 천차만별이다. 똑같은 사물을 대할 때 내 마음이 시키는 대로, 보고 싶은 것만 보고 듣고 싶은 것만 들을 때가 많다.

누구는 눈을 보고, 다른 이는 볏만 보고 황새라 우길 때 어찌 제삼자가 틀렸다고 말할 수 있으리오. 칡넝쿨이 반시계 방향으로 등나무는 시계 방향으로 감기는 자연의 생태에서 세상일은 어찌 이리도 이 둘을 닮았을까?

긴 나무 막대기에 걸터앉아 먼 곳을 바라보고 있는 황새의 눈빛. 그 옆엔 아이의 말주머니가 있다. 자신을 키워주신 할머니 할아버지에 대한 사랑과, 가르쳐 주신 선생님에 대한 고마움이 정성스레 담긴 황새 그림. 또박또박 쓴 글씨 속에 담겨 있는 메시지, 섬광처럼 떠오르는 단어는 긍정이었다. 긍정의 힘, 그랬다. 부모님 얼굴조차도 모르고 조부모님 손에서 자란 아이는 부모에 대한 원망보다 할아버지 할머니에 대한 사랑을 먼저 보았고, 선생님에 대한 감사함을 먼저 말하지 않았는가. 이 황새 그림 한 장에 담긴 긍정의 의미를 나는 하마터면 놓칠 뻔했다. 그래, 갈등 해결의 실마리는 접점을 찾는 일이지. 서로가 존중하여 다치지 않고 자존감을 지키면서도 일상을 회복하는 일. 또 드넓은 대지에서 드높은 하늘에서 모두가 날고 있는 황새를 보면서 이해하는 일이라 말하고 싶다.

차분히 눈을 감고 지난 일들을 하나하나 떠올려본다. 해결 과정

창가에 놓인 작은 화분으로 눈길을 돌렸다.
마침내 꽃이 피었구나!
생명을 구하겠다는 긍정의 눈으로 보면,
아픈 마음을 이해하겠다고
두 귀를 쫑긋 세우면 죽어가던 식물도
꽃을 피우게 할 수도 있겠지.

에서 나는 남의 생각을 강요한 적은 없었는가, 아니 내 생각대로 해석하여 마음 아프게 한 일은 더더욱 없었는가! 자꾸만 자신을 질책하면서 맹자 고자장구(告子章句) 편 한 구절을 떠올린다.

'하늘이 장차 어떤 사람에게 큰 임무를 내릴 적에는(天將降大任於是人也) 반드시 먼저 그 사람의 심지를 괴롭히고(必先苦其心志)…….'

창가에 놓인 작은 화분으로 눈길을 돌렸다. 마침내 꽃이 피었구나! 생명을 구하겠다는 긍정의 눈으로 보면, 아픈 마음을 이해하겠다고 두 귀를 쫑긋 세우면 죽어가던 식물도 꽃을 피우게 할 수도 있겠지. 그동안 꽃봉오리도 없었던 풍로초.(아파트 고층에서 시들시들 죽어가던) 아주 작은 꽃 두 송이가 뾰족이 고개를 내밀면서 고맙다고 외친다. 말 없는 식물이 얼마나 힘들었을까? 시들시들 죽어간다고 죽은 모습만 보았다면….

살릴 수 있다는 간절한 긍정의 힘이 말 못하는 풍로초에게도 통했던 것일까. 햇빛과 양분을 듬뿍 받아 이런 꽃을 피우다니. 생사의 갈림길에서 살려준 내게 고맙다는 인사를 하는 것 같다. 버텨 줘서 고맙다고 오히려 내가 인사를 할 일이다.

나도 남의 버팀목이 될 수 있을까? 그리하여 어려움을 겪고 있는 모든 분들의 자양분이 되어 인간 승리의 꽃을 피울 수 있도록 말이다.

며칠 전 유난히도 더웠던 날 고속도로의 자동차 사고 현장에서 발을 동동 구르며 애태웠던 적이 있었다. 그래도 아까운 시간 허비했다는 부정적인 생각보다는, 승용차에 탄 우리 일행이 아무도 다치지 않아 다행이라며 '고맙습니다. 수고하셨습니다.'를 함께 외쳤던 인간 꽃 두 송이를 생각한다. 그 따사로운 긍정의 기운이 보태어져 앙증맞은 풍로초의 꽃망울을 터뜨리게 했나 보다.

아! 드디어 기다리던 꽃이 피었다.

---

* 적자생존(適者生存)은 영국의 철학자 스펜서(Spence)가 '환경에 적응하는 생물만이 살아남고, 그렇지 못한 것은 도태되어 멸망하는 현상'을 말한 것이다. 여기서 말하는 적자생존은 일상의 일들을 메모(적는 것 – 적자)해가면서 생활하는 것이 중요하다는 것을 일깨워 주는 유머적 사자성어이다.

또 다른 길은 있다

　퇴직을 앞둔 모든 공무원에게 퇴직 후의 삶을 설계하는 연수 과정이 있다.

　공무원연금관리공단에서 실시하는 4박 5일간의 명강사 과정. 어쩌면 외길만 걸어왔던 교직생활을 마무리하는 연수일지도 모른다.

　언제부터인지는 알 수 없으나 나는 낯선 곳에서의 두려움과 운전의 피로감도 잊은 채 주변 경치와 분위기를 감상하는 여유를 가지게 되었다. 아마 자동차의 어댑티브 크루즈 컨트롤(앞 차와의 간격을 고려한 일정한 속도 유지)이라는 새로운 기능으로 다리의 불편함이 덜하기 때문일지도 모른다. 연수 장소는 창원에서 출발하여 3시간 반 정도 걸리는 수안보상록호텔이다.

가끔은 목적지에 도착하기 전 인터체인지를 잘못 빠져나와 헤매던 적도 있었다. 이번에는 그 전의 실수를 되풀이하지 않으려고 경로를 꼼꼼히 살피며 재차 확인하였었다. 평소 고속도로에서의 속도라면 시속 백 정도, 아니 그 이상을 운행하기도 한다. 오늘따라 이 도로에 공사 구간이 많아 더디 가는 자동차를 자꾸 재촉하고 싶어진다. 여유롭게 출발은 했지만 제 시간 안에 도착해야 한다는 부담감이 생기는 건 어쩔 수 없나 보다.

내비게이션에서 안내한 문경새재의 분기점을 지나갈 무렵이었다. 잠시 다른 생각을 했는지 하필이면 진입 시기를 놓쳐 급하게 들어서려는데 뒤에서 대형트럭의 빵! 빵! 위험신호를 알리는 경적 소리를 들었다. 아찔한 순간이었다. 전에 대형트럭 위의 컨테이너 박스가 도로에 떨어진 사고 장면을 목격했던 기억이 떠올라 온몸에 소름이 돋았다. 사고는 1초도 아닌 찰나에 예고도 없이 일어나는 법이다. 나는 가슴을 쓸어내리며 언제나 일어나자마자 되뇌던 문장 '살아서 감사합니다.'를 중얼거렸다. 안도의 숨을 내쉬며 얼른 깜빡이를 켜서 자동차끼리의 무언의 약속인 신호를 보냈다.

가끔은 두려움을 떨쳐내기까지 내게는 약간의 머뭇거림이 있다. 가난이 일상이었던 학창 시절, 나는 고등학교 다닐 때까지만 해도 살던 지역을 벗어난 적이 별로 없었다. 새로운 곳에서의 망설임은 늘 나의 도전정신을 막는 걸림돌이었고, 내비게이션이 없던 시절 잘못 들어선 길 때문에 우왕좌왕할 때가 한두 번이 아니

또 다른 길은 있다.
단지 시간과 노력이 더해질 뿐
모든 길은 통한다

었다. 만약 오늘도 그때처럼 길 안내가 없었다면 길을 놓쳤다는 불안감에 사로잡혀 제대로 핸들을 잡았을까? 고맙게도 내 곁의 내비게이션은 여유롭게 길을 안내하고 있으니 이 얼마나 다행스러운 일인지 그저 고맙기만 하다.

몇 년 전 조카와 함께 미국 동·서부의 여행을 했던 때의 일이 생각난다. 우리가 아주 서툰 영어로 이역만리 뉴욕에서 John F. 케네디공항을 가이드 없이 찾아갔을 때의 한없는 막막함은 차라리 공포였다. 말도 통하지 않던 머나먼 이국땅에서의 공포 그 자체였던 경험은, 어떤 상황에서든 도전할 수 있는 용기와 새로운 세계에 대한 호기심을 자극하는 계기가 되었다. 오늘처럼 길을 놓치거나 방향을 잃었을 때도 나는 당황하지 않고 말한다. '또 다른 길은 있다. 단지 시간과 노력이 더해질 뿐 모든 길은 통한다.'라고.

다시 편리한 기기의 혜택으로 운전대를 잡은 손엔 그래도 여유로움이 느껴진다. 돌아갈 심산으로 계속 직진하다 보니 연풍, 수안보 인터체인지가 나오는 것이 아닌가! 앞 유리창에 비친 터널 위의 풍경은 우리 지역에서는 볼 수 없는 참나무와 붉나무들의 때 이른 향연이었다. 눈앞의 가을 산이 펼친 풍광은 덤으로 얻은 선물이다. 찰나의 방심이 우연을 가장한 필연으로 다가온 듯 숨 가빴던 한순간은 미소를 머금게 하는 반전의 포인트다.

문득 앞으로 만날 연수생들의 표정이 살짝 스쳐 궁금해진다. 숙소가 배정되자 짐들을 정리했다. 명강사 과정 연수에서 강사들의 자신감 넘치는 모습은 미래의 내 모습을 보는 듯한 착각에 빠질 정도로 연수에 몰입되었다. 확고한 제2의 삶을 그리겠다는 연수생들의 표정이 친근한 것은 서로의 꿈이 같아서일까? 숙소에는 각자의 결연한 각오로 무장한 룸메이트들과의 만남이 유토피아의 인생인 양 사뭇 진지하다.

인생이 스크린에 비친 영상처럼 잠시 왔다 갈 무대에서 고리로 얽힌 인연들이라면 어떤 고리로 이어질지 생각하며 잠시 눈을 감아 본다. 인할 인(因), 내 삶에서 네 개의 큰 기둥은 무엇이었나? 하늘이 맺어준 부모와 형제자매들, 지금의 내 가족들, 교직에서 맺어진 동료들, 그리고 오늘 제2의 인생을 설계하는 과정에서 이어질 연결고리들, 모두가 떨어질 수 없는 얼개들이다. 40여 년의 교직 생활에 대한 보답이라도 해 주듯 쉼을 위한 장소를 이곳으로 제공해 준 배려가 한없이 고맙다. 온천을 마치고 똑딱거리는 탁구공 소리가 나는 곳을 따라가 보았다. 복식을 하고 있길래 분위기를 살피며 심판을 봐주었더니 합류하라고 권유했지만 첫날은 사양했다. 오늘의 일들을 돌이켜보니 강의 시간에 머뭇거림도 없이 앞에 나가 발표한 자신이 우습기만 하다. 둘째 날에는 연수생 모두가 경희대 교수의 냉철한 평가를 받는 시간이 있었다. 나는 강의가 의무사항인 줄만 알고 형식적으로 파워포인트 몇 장면만을 준비한 채 용감하게 발표했었다.

교원을 상대로 한 인성교육 강의에서 잦은 실수도 있었기에 머뭇거림이 없었다. 인성교육에 대한 나의 지나친 자신감인지, 오지랄의 발현인지는 알 수 없는 일이다. 어쩌면 평가를 받아 개선하고 싶은 욕구가 더 명쾌한 표현일 것 같다. 교수님의 평가는, 시선 처리의 미흡한 점을 지적하셨고 표정이 밝지 않다는 것이었다. 정곡을 찔린 셈이다. 강의 시간에 인상을 찡그렸어도, 교수님께 혹평을 들었어도 신바람이 나는 이유는 인성교육의 묘한 마력 때문일 것이다.

나는 나날이 고무되는 강의로 또 다른 세계의 길을 가리라 다짐한다. 오늘은 복식에 합류하리라 벼르며 다시 탁구장으로 향했다. 정식 탁구 자세는 아니었지만 초등학교 때의 실력과 기회 있을 때마다 배웠던 탁구가 복식 경기 때 한몫을 했다. 연수 끝날 때까지 탁구 시합을 하였고 복식조 인연을 제천, 대구, 부천, 창원의 탁구 만남으로 이어가기로 하였다.

교직만이 나의 길인 줄 고집하며 그동안 이탈할까 봐 고심했었다. 감당하기 힘들 때에 삶의 이정표가 바뀌려던 순간도 있었던 건 아니었을까? 잠시 둘러서 가다가 만난 탁구와의 인연으로 또 디뎌야 할 길이 생겼다.

앞으로 어떤 고리로 연결될지를 상상하며 머릿속의 지도에서는 이미 탁구 경기와 명소를 관광하는 나의 모습에 살며시 미소를 지어 본다.

소중한 인연에 감사하며

 목욕 바구니를 들고 터벅터벅 걸으면서 '비울수록 채워지는 삶'이란 문구를 떠올린 어느 해 질 무렵의 단상이다.

 3년 동안 교기(수영) 담당 교사로서 신입 선수 확보에 열을 올렸다. 또 아동 인솔에도 최선을 다했으며 주위 분들에 대한 감사의 마음 또한 잊지 않았다. 그리고 훌륭한 코치와 교장, 교감 선생님의 배려로 2001년도엔 각종 수영대회에서 많은 실적을 거두었다. 개인적으로도 각종 연구대회에서 입상한 실적이 꽤 있었다. 또 전국동아수영대회에서는 6학년 배영 선수가 1위를 하는 쾌거로 교사로서의 특혜를 받아 아름다운 조개 섬 신도(蝟島) 분교장(場)으로 발령을 받게 되었다.

 평소 무슨 생각이 그리도 많았던지 항상 밤늦게야 잠이 들었고 피곤하다는 핑계로 아침에 눈은 떴으나 무거운 몸으로 일찍 출근하지 못했던 날들이 많았다.

섬으로 출퇴근하는 선생님들의 충고 말씀이 떠올랐다.

"배는 놓치면 물 가운데에서 사람을 기다려주는 법이 없으니 대절을 해야 한다."

아침부터 배를 놓칠까 봐 조바심을 내며 부산을 떨었다. 선착장에는 인격자요 실력가이면서 담임 같은 분교장 주임님과 큰 오라버니 같은 주사님(이때는 주무관이 아님)이 배를 기다리고 계셨다. 처음 타는 배 안에서 인정미 넘치는 섬사람들의 이야기와 분위기에서 문득 친정어머니의 정서를 느낄 수 있어 가슴이 뭉클해졌다. 두 군데의 섬을 거치면서 일렁이는 파도와 수평선 너머의 바다를 바라보며 잠깐 상상의 나래를 펼치고 있었다. 신도에 도착하는 순간 처음 보는 섬 지방의 선착장 분위기가 낯설어 두리번거리고 있을 때 아이들의 환호성 같은 소리가 들렸다.

"우와! 선생님 예쁘다."

나는 자꾸 웃음이 나왔다. 그냥 웃는 게 아니라 입이 다물어지지 않았던 것이다. 선착장에 네 명의 아이들이 나란히 서서 오시는 선생님들에게 인사하는 모습이 너무나도 예뻤다. 나는 저절로 웃음이 나왔고, 정해진 손님이 내리고 나자 1분의 여지도 없이 떠나는 아주 당연한 선장의 익숙함이 내게는 새로운 기분으로 와닿았다.

숨가쁘게 5분 정도 오르막길을 걸어가니 신도분교장(場)이라

쓰인 교문이 나왔다. 아이들은 운동장의 태극기 앞에 나란히 서서 국기에 대한 경례를 하고 국기에 대한 맹세를 큰 소리로 외운다. '아, 나라 사랑 실천이 따로 없구나!'라며 나는 새로운 감회에 젖었다.

나의 교직 생활 중에 첫 섬마을 분교장 생활이 시작되었다. 바닷물이 빠지면 현장학습을 가기로 되어 있었는데 좋지 않은 날씨 때문에 조금 늦게 고둥 잡으러 갔다. 어린이날 선물을 푸짐하게 나누어 주고 간식을 준비하여 해안가로 갔는데 물이 들어오는 중이라 바닷가에서만 채취활동을 했다. 굴 껍데기에 위장한 고둥은 아이들과 숨바꼭질을 하고 나는 그림 같은 풍경을 사진기에 담기 바빴다.

평평한 바위를 찾아 앉았다. 간식을 먹으며 주임 선생님이 말하기를

"ㅇㅇ아, 이 다음 크면 훌륭한 사람이 되어 〈TV는 사랑을 싣고〉에 나와서 지금 선생님, 박 주사님, 작년 선생님을 찾아야 한다."

ㅇㅇ은 조개섬 아이 중에서 가장 순수하고 말씨가 예쁘며 기발한 아이디어를 가진 진짜 섬 소년이다. 세 명의 아이들은 친척 집에 간다든지 도시로 자주 나들이를 한다. 하지만 섬마을을 놀이동산처럼 즐겁게 뛰노는 ㅇㅇ은 우리들의 마음 한구석에 늘 애틋함을 주는 아이다. 육지로 나가는 배도 놓치고 대절할 각오로 오늘은 일부러 시간을 끌었다. 어린이날 노래도 부르고 즐거운 게

임도 하여 ○○의 마음을 기쁘게 해 주시려는 주임 선생님의 배려가 고마웠다. 아름다운 조개 섬과 어우러진 네 명의 아이들, 푸른 오월과 푸른 물결처럼 푸른 꿈을 안고 몸도 마음도 푸르게 자라거라.

대절 배를 타고 오면서 이 아름다운 배경과 아이들의 진솔함을 감동 있게 전할 수 없음에 안타까움을 느끼며 지금의 소중한 여건과 인연을 만들어 주신 모든 분들께 다시 한 번 감사드렸다.

어느 날 우연히 사진첩에서 20여 년 전 근무했던 아이들의 사진과 마주하게 되었다. 물이 빠져나간 바닷가에서 조개를 잡느라 여념이 없는 꼬마 녀석들. 파래 낀 돌 위로 기어가는 고둥의 속삭임을 눈치챈 듯 제각기의 표정들이 사뭇 진지하다. 3년간 조개섬에서 머물렀던 아련한 추억들을 떠올리게 되는 섬마을 풍경의 한 장면이다.

우리나라 지명 유래에서 재미있는 점을 많이 발견하지만 내가 근무했던 대합조개 모양을 닮은 섬 신도(蜃島)는 참 신기했다. 누구나 표지판의 대합조개 모양을 보면 신도라는 섬 이름을 저절로 떠올릴 수 있게 된다. 섬 표지판에는 마을의 지도를 표시해 놓아 밀물과 썰물이 바뀔 때마다 선착장의 위치도 달라지니 이용자의 편의를 살핀 셈이다. 물살이 센 삼천포 앞바다의 회 맛을 즐기기 위해 특히 우리 섬 인근 도시의 낚시꾼들에게는 좋은 낚시터를 안내하는 길잡이가 되기도 했다. 물이 빠져나갈 때면 아이들과 체험학습을 하던 그 바닷가. 작은 섬 일주를 해 보겠다며 물때를 잘 맞춰 답사도 해 보았지만 쉽지 않은 일이었다. 때때로 안개가 끼는 날에는 배를 운항하지 못해 섬에서 선생님을 기다리는 아이들이 눈에 선해 안타까워했던 날들도 엊그제 같다. 창선·삼천포대교가 놓여 바닷물의 들고 빠짐에 변화가 생겨 고둥잡이의 놀이터가 없어졌을지 조바심이 난다. 주변 섬들도(초양도, 늑도) 육지가 되어 성수기엔 관광차가 줄을 이어 여전히 달리고 있겠지. 아직도 그 섬에 있는 어린 ○○과의 추억 어린 장소는 찾는 이를 반겨 주려나? 부임하던 첫날, 선착장에서 선생님을 기다리며 '와! 선생님 예쁘다.'라고 인사하던 그 꼬마들. 현장체험학습(가을소풍) 장소에서 싱싱한 회는 볼이 탱탱하도록 가득 넣어 먹어야 제 맛이라며 정겹게 회를 권하시던 부모님들, 교직을 마무리하고 있는 나는 어느새 하얀 도화지에 섬 이야기를 그려내고 있었다.

이기숙은 마녀(魔女)다

　金○○ : 교장선생님께서 생각하시는 앞으로의 한자교육의 방향에 대해 말씀해주셨으면 합니다.

　李○○ : 순수한 우리말은 더 아름답게 빛날 수 있도록 많이 쓰고 한자어들이 꼭 필요한 경우에는 반드시 뜻을 알고 정확히 써야 한다고 생각합니다. 한자 구성원리를 가르칠 때 남녘 남(南) 속의 두 가닥 아(丫)는 이모티콘으로도 쓸 수 있는 아주 창의적인 글자라고 강조했어요. 싹이 나올 때 살아남기 위해 떡잎이 두 가닥으로 나와 균형을 이룹니다. 이 자소(字素)의 모양을 살펴보면서 말없는 식물도 살기 위한 현명함을 가지는데 우리 사람들도 더욱 자신의 장점은 살리고 어려움이 닥칠 때는 잘 이겨내어 우리 대한민국, 아니 세계를 빛내는 인물이 안남초등학교에서 나올 것이라 기대합니다.

《어문생활(語文生活)》 2022년 1월호(통권 제272호)에 실린 인터뷰 글이다.

교직생활 41년간 어느 한순간도 의미 없는 날이 있었겠냐만 유독 2005년의 6학년 담임 시절은 잊을 수가 없다. 내가 근무했던 학교는 고적대로 유명했는데 선발 규정도 매우 까다로웠다. 그런 고적대에 우리 반 여학생 몇 명이 활동하고 있었으니 반에서도 영향력이 대단했다. 눈에 띄는 외모에다 공부도 잘하고 개성까지 뚜렷한 아이들이 모여 있었으니 감당하기가 벅찼다.

그때 내 나이 40대 중반. 당시 여학생들은 나이 든 여선생님을 그다지 좋아하지 않았다. 성향이 맞지 않았다고 해야 할지. 그런 아이들의 마음을 이해하고 감동시키려면 특별히 뛰어난 교육방법이 필요했다. 그리하여 나는 1년을 몸으로 감내하면서 나름의 학급경영 방식을 택하게 되었다. 공부 시간에는 항상 서서 모든 학생들을 나의 눈 안에 넣고 눈빛을 주고받으면서 40분간 수업을 했다. 그 에너지 소모는 말로 표현할 수가 없었고 한마디로 체력의 소진 상태였다. 수업하는 교실이 열정적이었는지 너무 조용했나 보다.

오죽하면 교내 순시를 하시던 교장 선생님께서 교실 문을 열고 들어오셨겠는가! 아이들의 신발은 있는데 너무나 조용하였기 때문이다. 지금의 수업시간이라면 학생들의 활동으로 조금은 소란스럽기도 하고 다양한 자료를 활용한 영상 매체의 소리도 들렸을

'이기숙은 마녀다.'
얼마나 담임의 간섭이 싫었으면 이런 표현이 나왔을까!
처음에는 교사의 진심을 몰라주는 아이들이 괘씸했다.
한편으로 나이 든 내가 교육적 이론과 상담학을
좀 더 공부하지 않은 것에 대한 후회가 막심했다.
그리곤 서글펐다.
경력이 더해진 만큼의 능력을 발휘하지 못함이
아이들에게 죄를 짓는 건 아닌지.

텐지만 말이다.

그런 나의 속도 모르고 일부 선생님들은 그 비법이 뭐냐고 물었 었다.

그 당시 처음 "친구의 날 행사"를 할 때 하필이면 시(市)에서 제일 중심학교인 우리 학교 6학년생들(6학급)과, 중학교 1학년 학생들이 모여 행사를 하게 되었다. 그때 나는 학년부장의 책임을 맡은 때라 우리 반은 다른 반 선생님께 맡기고 초등 대표로 선서를 하는 학생을 관리하기 위해 우리 반과는 반대편에 서 있었다. 행사가 진행되어 애국가를 부를 때쯤 우리 반 여학생 몇 명이 팔을 들어 환호하는 등 도저히 이해할 수 없는 행동들을 하고 있었다. 아마 사춘기라 중학교 남학생들을 의식했나 보다. 평소 행사장에서도 이해할 수 없는 행동인데 담임으로서 너무나 부끄러워 고개를 들 수가 없었다.

행사를 끝내고 교실에서 반성문을 쓰라고 했는데 한 여학생은 끝내 잘못했다는 생각을 하지 않았다. 나의 지도는 설득력이 없었는지 감동을 주지 못했고 점점 아이들의 일탈을 부추겼나 보다. 비록 바른 행동을 이끌 설득일지라도 잔소리가 될 수밖에 없었던 것이다. 그것도 자신들을 이해하지 못하는 고리타분한 선생님으로 단정 지으면서. 또 영어 전담교사가 없어 직접 영어를 가르쳤는데 젊은 선생님들의 유창한 영어와 발음을 따를 수 없으니 이 또한 맹점이었다.

그런 며칠 후 학생들이 집으로 간 뒤 책상 안을 정리하다 몇 가지 쪽지를 발견했다. 서로 주고받던 쪽지에서 친구를 따돌리는 일, 한 친구에게 잘 보이려고 아부하는 글, 선생님의 발음이 영 마음에 들지 않는다는 등의 내용이었다. 나름대로 접근 방법을 고민하며 시선이 닿은 곳, 한 아이의 수학책에 넣어둔 쪽지에는 충격적인 내용이 있었다. '이기숙은 마녀다.' 얼마나 담임의 간섭이 싫었으면 이런 표현이 나왔을까! 처음에는 교사의 진심을 몰라주는 아이들이 괘씸했다. 한편으론 나이 든 내가 교육적 이론과 상담학을 좀 더 공부하지 않은 것에 대한 후회가 막심했다. 그리곤 서글펐다. 경력이 더해진 만큼의 능력을 발휘하지 못함이 아이들에게 죄를 짓는 건 아닌지. 마냥 생각만 하고 실천에 옮기지 않으면 망상일 뿐이라고 하지 않았던가. 다음 날 아무 일도 없었던 것처럼 기회를 엿보았다.

　나는 작심하고 도덕 시간에 큰 소리로 '이기숙은 마녀(摩女)다'라고 외치면서 칠판에다 썼다. 모두들 눈이 휘둥그레져 서로를 쳐다보았다. 나는 모른 척하면서 마귀 마(魔)자와 만질 마(摩-어루만지다)의 한자를 써서 설명을 했다. 그래 이기숙은 마녀라서 여러분들이 친구와의 갈등으로 외톨이가 되었을 때 제일 먼저 다가가 마음을 어루만져 주면서 위로했다. 문제가 풀리지 않을 때 공부하는 방법을 가르쳐주기도 했었지. 때론 가족 간의 말 못 할 고민도 이 마녀에게 도움을 청하지 않았더냐. 이쯤이면 멋진 마녀라 불러도 좋지 않을까? 모두가 미안한 낯빛이었다. 특히 나를 마녀라고 쓴 그 여학생이 그날따라 더 안쓰러워 보였다. 고개를 숙인 모습이 안쓰럽기까지 할 정도였으니 말이다. 그때도 나는 인성지도와 함께 한자를 가르쳤던 것이다. 비록 한자는 많이 알지 못했지만 말이다.

 퇴직 몇 개월을 앞둔 나는 관리자로서 할 일도 많지만 학생들에게 꼭 자신의 소중함을 알게 해 주려고 '한자 속에 숨은 보석, 인성 열매 주렁주렁'이라는 표어를 걸고 교단에 섰다. 전교생을 대상으로 하는 한자 인성교육 시간에 한글의 우수성을 강조하면서 말(馬, 言, 斗)에 대한 질문을 해 보았다. 대부분 문장 속에서는 뜻을 잘 알 수 있다고 대답했지만 단어만 있을 때는 애매하다고 답한다. 우수한 우리말과 글을 더욱 분명하게 전달하고 이해하기 위해서는 우리말 속에 쓰이는 70% 이상의 한자어가 꼭 필요함을 깨우쳐 주는 순간이다.

 그때도 한자 속에 숨은 보석을 찾아주었다면 이기숙은 마녀(魔女)가 아니라 마녀(摩女)가 되었을 것을. 돌이킬 수만 있다면, 비록 40대 중반 아줌마 선생님일지라도 세상에서 제일 자신감 있고 인기 있는 6학년 담임을 해 볼 수 있으련만.

 스마트폰에서 알려주는 신호에 하던 일을 멈췄다. 초등학교 친구가 저세상으로 갔다는 슬픈 문자는 오늘따라 유난히 그 시절을 그립게 한다.

웃음의 흔적

"선생님, 지금 뭐하세요?"

점심시간, 교실에서 책상 위의 거울을 보고 야릇한 표정을 짓고 있는 내게 영악한 꼬마가 호기심 어린 눈으로 묻는다.

"웃음의 흔적을 만들고 있지."

이해가 가지 않는 듯 고개를 갸우뚱거리며

"선생님, 흔적은 또 뭐예요?

설명하려는 내게 다급히 팔을 내저으며,

"아하! 선생님 알겠어요. 아픈 상처, 선생님 내 말이 맞지요?

발랄한 꼬마의 해석, 흔적은 아픈 상처란다.

쉰 고개를 넘기니 지난날들의 역연한 기억들이 주마등처럼 스친다. 누구나 호기심 많고 무한한 상상력으로 지적 욕구를 채웠으면 좋았을 시기가 있다. 그 아쉬움을 자연과 벗했고 육 남매의 남다른 정으로 이어지는 끈끈함을 다행으로 여기자며 무한 긍정으로 스스로를 위로해 왔었다. 하여 채워지지 않았던 지력(知力)에 대한 미련은 무한사랑으로 우리들을 보듬었던 어버이의 정성이 남달라서 삶의 밑거름이 되었노라고 자부하면서 묻어 두려 했다.

오랫동안 잠잠했던 고요가 기지개를 켜듯 밑바닥에서 침전물들이 용틀임하듯 올라온다. 사춘기 시절 부모님의 아린 가슴에 돌팔매질을 참 많이도 했었지. 도시에서 자취하며 엘리트 교육을 받던 친구들이 부러웠다. 그들이 보고, 듣고, 겪었던 넓은 세상을 공유하지 못함이 못내 서러워 다니던 시골 학교에서 방황만 했었다.

뿌린 씨앗 없이 저절로 열매 맺기를 바라지는 않았지만 그래도 20대엔 어느 정도 눈이 밝고 귀도 열릴 줄만 알았다. 시대의 암울함으로 짧은 기간의 대학 시절은 곤궁했지만 그래도 나의 가장 빛나는 청춘이었다. 견문을 넓히고 학문을 익혀서 나라의 동량을 길러야 할 예비 교사로서의 역량을 키워야 할 그때, 나는 과연 무엇을 했던가!

두 아이의 엄마로서, 한 남자의 아내로, 직장인으로서 오로지 생활에만 급급했었다. 자식들이 아파서, 내 몸과 마음이 너무나 아파서 힘겹게 허겁지겁 달려왔던 세월이다.

흔적을 한자로 찾아보니 痕(흉터 흔·자취 흔), 跡, 蹟(밟을 적·

웃음 뒤에 숨겨진 처절한 눈물,
아직은 세상에 내놓지 못한 내 마음의 아픈 상처,
젖은 아픔이 진정한 웃음으로 승화되어
기쁠 열(悅)자의 흔적을 만들기 위해
오늘도 나는 파안대소를 하며 울음을 웃고 있다.

자취 적)으로 되어 있다. 흉터의 자취라고 해석을 해도 될까? 적(跡, 蹟)자를 보니 문득 떠오르는 생각, 跡은 발이 계속해서 가고 또 간 자취, 진흙 위에 한 번 디딘 자리를 거듭해서 디디면 그 자국은 아주 선명하게 남는다. 또한 蹟은 자기가 디딘 발자국에 책임을 지면서 내디뎌야 한다는 글자라는 나름의 풀이를 했다.

아픈 몸이 서서히 나아가고 있을 때 비로소 나도 주장을 펼 수 있었다. 달리는 차 안에서 맘껏 울분을 토하고 주체할 수 없는 눈물을 훔치는 순간, 잠깐만이라도 나는 카타르시스를 느꼈다. 하나 밑바닥에 가라앉은 찌꺼기와 답답함은 순간의 해소일 뿐 근본적인 치유는 되지 않았다.

묵묵히 세월을 맞이하면서 나는 또 다른 시도들을 해 보았다. 자식의 아픈 마음을 달래기 위해, 내 몸과 마음을 추스르기 위해 버리고 비우는 연습이 필요했다. 그리하여 디딘 자국에 책임을 지자고 다짐하며 중심을 잡기 시작했다. 대가를 바라지 않는, 지금 이 순간 숨 쉬고 있는 자체만으로도 신의 은총이기에 매일 감사의 기도를 올린다. 밝고 좋은 에너지가 우주의 파장을 타고 내장한 아들의 전지(戰地)까지 갈 수 있기를 소망하면서.

매일 거울 앞에서 웃는 연습을 했다. 억지로 웃고 또 웃는 연습을 반복하여 만든 웃음, 태(兌)「억지웃음 속에서도 만들어지는 웃음」의 흔적(痕跡), 아픈 상처를 안고 입꼬리만 애써 웃는 어설픈 내 표정, 그만 발랄한 꼬마 녀석에게 들키고 말았다. 아! 이 녀석도 볼 수 있는 내 얼굴의 억지웃음을 어른인 나는 왜 여태 보지 못했을까?

 '아이는 어른의 아버지'라는 영국 시인 워즈워스의 글귀가 떠오른다. 지금껏 나의 웃음은 아직도 아픈 상처를 뱉어내지 못하고 마음속에 켜켜이 쌓아놓은 채 입꼬리만 올리는 억지웃음이었나 보다. 이상야릇한 표정은 호기심 많은 꼬마에게 내 마음을 들킬 수밖에 없을 정도로 어색하였겠지.

 이젠 '내게 없는 것은 갈구하지 말자'는 글귀를 떠올리며 웃음 짓는 열(悅, 마음이 기뻐서 함께 웃는 것, 마음 깊숙이에서 올라오는 희열의 웃음)의 상태를 만들어가고 있다. 입이 아프도록, 눈이 아리고 마음이 저리도록, 얼굴 전체가 망가질 때까지 파안대소를 연습한다.

 다 같이 웃음의 박수 시이작! 하(짝), 하하(짝짝), 하하하(짝짝짝), 으하하하(짝짝짝짝), 오늘도 웃음박수로 하루를 시작하는 나는 아이들과 함께 박장대소한다. 웃음 뒤에 숨겨진 처절한 눈물, 8살 영악한 꼬마의 해석처럼, 아직은 세상에 내놓지 못한 내 마음의 아픈 상처, 젖은 아픔이 진정한 웃음으로 승화되어 기쁠 열(悅)자의 흔적을 만들기 위해 오늘도 나는 파안대소를 하며 울음을 웃고 있다.

에든버러의 폭소

　어느 날 미국 교환학생으로 갔던 딸과 이야기를 나누다가 7박 9일 영국 아일랜드행 여행으로 이어졌다. 서툰 영어 실력으로 두려운 마음이 앞섰지만 그래도 교환학생으로 6개월간 미국생활을 한 딸을 믿고 권유한 자유여행에 선뜻 승낙을 했던 것이다. 소풍 전날의 설레는 동심으로 이틀 밤 연속 잠 못 들었던 피곤함도 잊은 채 인천공항에 도착했다.
　우리가 알고 있는 영국은 잉글랜드(영국의 한 지역)를 중국어로 음역하는 과정에서 발음이 비슷한 영국으로 이름 붙였다고 한다. 실지 영국은 두 개의 큰 섬(그레이트 브리튼, 아일랜드)으로 유나이티드 킹덤(UK, United Kingdom)이라 불리는 영국 연합왕국이다. 그리고 잉글랜드, 웨일스, 스코틀랜드, 북아일랜드의 네 개

지역으로 나뉘어져 있으며 그리니치 천문대가 있는 런던을 중심으로 경도 0도, 북위 51도에 위치하고 있다.

　지방마다 조상이 달라 역사와 문화가 각각이지만 영국 여왕을 정신적인 지주로 하여 자부심을 갖고 뭉쳐진 특수한 나라이다. 환상 속에서만 있던 영국을 실지 하늘에서 내려다본 나는 잠깐 별세계의 선녀인 양 펼친 날개로 상공을 나는 꿈을 꾸었다.

　9시간의 시차와 사철 비가 내리는 영국의 날씨에 내 몸은 무리를 하면서도 즐거움이란 면역으로 잘 견뎌 내고 있다. 아일랜드의 탬블바에서 만난 숏커트 여인의 매력적인 미소는 잊을 수가 없었다. 아쉬움을 뒤로한 채 더블린 공항에서 비행기로 에든버러 공항을 향했다.

　에든버러는 스코틀랜드의 수도로 켈트족들이 거주하고 있으며 영국 땅이면서도 독립적인 문화와 역사를 가진 도시이다. 비가 부슬부슬 내리는 거리에서 우연히 한국에서 온 부부를 만났다. 해마다 휴가 때면 영국 유명한 지역들을 탐방한단다. 참 많이도 부러웠다. 미래의 내 꿈도 세계 여행인데 가능할지는 모르나 벌써부터 브라질 이구아수폭포에서 태고의 신비를 올려다보는 모습을 상상하고 있다.

　딸은 현지 한국인 가이드 스코트라인 투어를 접수하지 못해 스코틀랜드인 가이드가 있는 투어를 선택할 수 밖에 없었단다. 자유여행의 맹점이 드러나는 순간이다.

　다음 날 일찍부터 서둘렀다. 몹시 긴장했는지 아침도 많이 먹지 못한 채, 택시를 타고 약속 장소에 도착했다. 늘 우산을 들고 있는 영국 신사를 떠올렸으면서도 정작 필요한 우산은 챙기지도 못한 내 모습이 이방인 같았다.

　1시간이나 일찍 도착하여 보니 아무도 오지 않은 상태였다. 현지 사정의 변화가 두려워 일찍 서두르는 딸의 태도는 좋았다. 그러나 아침도 제대로 못 먹고 변화무쌍한 영국 날씨에 우산을 준비하지 못한 서두름이 못내 아쉬웠고 불안했다. 우비를 사려고 해도 일찍부터 문을 여는 가게는 없단다. 1일 투어는 총 8시간으로 에든버러를 출발하여 인네버스까지 가면서 중간중간 명소를 구경하는 1일 관광 코스다.

　묻는 걸 싫어하고 스스로 해결하려는 딸의 성격을 건드리기 싫어 그냥 하자는 대로 맡겼다. 우리는 좋은 자리를 얻고자 가이드가 어떤 분인지도 모르고 2층 맨 앞쪽 자리에 앉아 출발만을 기다리고 있었다. 눈앞에 펼쳐진 고대 건축 양식에 입을 다물지 못한 채 나는 보이는 대로 동영상부터 촬영했다. 알아들을 수 없는 스코틀랜드 특유의 발음으로 간간이 들려오는 기침 소리와 함께 가이드분의 해설이 시작되었다. 도심에서부터 도로를 따라 늘어선 다양한 나무들은 한눈에 봐도 선진국임을 알 수 있게 한다. 우리나라 70년대의 거리와 산들의 대조적 모습을 떠올려 보았다. 차에 올라 처음 기사님을 뵈었을 때 연세 드신 분이라 혹시 여기는 기사님이 해설도 함께 하시나 하고 의아해했었다.

　딸은 영국식, 특히 북부 스코틀랜드 발음에 어려움을 토로하였다. 그러나 나는 그런 일에 아랑곳하지 않고 거대한 문화유산 도시의 고대 건축물을 보면서 아주 오래전 '길가메시'가 깨달은 《인간이 영원히 살 수는 없지만 뛰어난 업적을 이루어 후대에 전한다면 불멸에 이른다》는 문구를 떠올리며 인류 문명의 위대함에 숙연해졌다.

글랜코로 가는 길목의 칼랜드 휴게소에서 해미쉬라는 소를 보았다. 이 지방의 소는 잦은 비 때문에 자신을 보호하기 위한 수단인지 유난히 긴 털이 많았다. 또 뿔이 곡선으로 굽어 있고 끝은 하늘을 향해 뻗어 있었다. 희뿌연 안개비 속에서 길게 난 속눈썹 사이로 보이는 우수에 찬 눈동자는 실향민의 향수만큼이나 서글프다.

휴게소에서 가이드를 처음으로 만났는데 연세 드신 할아버지다. 딸애가 알려주는 쉬는 시각과 출발 시각을 듣고는 '참 오래도 쉰다'라며 미심쩍어했다. 기념품과 우비를 살까 망설이면서 사지 않고 여유롭게 버스로 가는데 안내 할아버지가 '레잇(late)'이라고 소리치셨다. 아뿔싸 딸이 시간을 잘못 알아들었나 보다. 뒤늦게야 알게 된 사실은 11시 10분이 아니라 11시 10분 전 즉, 10시 50분이었던 것이다. 특유의 방언과 영국식 표현은 미국 영어에 익숙한 딸도 실수할 만큼 달랐던 모양이다.

우리는 다음 휴게소에서 먹을 점심 요리가 무엇인지 궁금해하면서도 버스 안의 손님들에게 피해를 준 것은 아닌지, 한국인들의 이미지를 실추시키지는 않았는지 조바심이 났다. 휴게소에 내려도 자유여행이라 준비된 식사도 없었고 화장실에 다녀온 사이 줄이 밀려 점심도 시원찮게 해결했다. 특히 느끼한 유럽 음식이 힘들었는데 생존 본능은 내가 평소에 망설였던 당근 수프도 망설임 없이 훌훌 마시게 했다. 느끼한 음식이라 속이 거북했지만 미지의 세계에 대한 호기심은 어떤 방해꾼도 물리칠 수 있게 했다. 버스는 글랜코에서 멈추었다.

산악지대가 실감 날 정도로 골짜기에는 을씨년스럽게 안개비가 내리고 빅파이프를 불고 있는 켈트족 연주자는 익숙해서인지 아무런 표정이 없다. 맥도널드(도널드의 후손) 부족이 학살되었다는 해설과 빅파이프에서 흘러나오는 알 수 없는 곡조의 애잔함을 이방인들은 이해할 수 있을까?

인네버스로 달리는 이층 버스엔 각자 최소한의 공중도덕은 지키면서 세계 각국의 알아들을 수 없는 언어들의 향연이 계속된다. 이 분위기가 좋아서 건강이 허락하는 한 나는 여행을 계속하고 싶다. 달리던 버스는 로크네스(로크는 스코틀랜드 말로 lake-호수)에 도착했다.

크루즈를 타고 호수의 가운데 있는 성을 구경하는 것이다. 가이드 할아버지와 딸과의 대화를 듣지 못했던 나는 들뜬 마음으로 버스에서 내렸다. 딸과 함께 배를 타려는데 가이드가 줄을 서지 못하게 손으로 막는다. 딸에게 설명을 들어보니 예약되지 않아서 탈 수가 없단다. 점심 전 가이드가 딸에게 안내하였지만 딸은 30년 넘게 이 일을 하신 스코틀랜드 할아버지 특유의 방언을 이해하지 못해 벌어진 해프닝이다. 장장 12시간의 런던행 비행기와 더블린까지 합치면 15시간의 비행이었다. 언제 또 올지도 모를 에든버러의 스코트라인 1일 투어에서 네시의 전설이 담긴 성을 직접 보고 싶었다. 그런데 가장 중요한 강(호수) 가운데의 성을 갈 수 없다니 너무나 아쉽다. 이렇게나 멀리 왔는데, 다시 올 기회는 더더욱 없는데 딸에게 사정해 보라고 자꾸 재촉했다. 우리나라였다면 어땠을까? 안타까운 사정을 감안하여 인정을 베풀 수도 있었을까? 어떠한 여지도 없었다. 정원만 탈 수 있는 엄격한 규정. 생명의 소중함과 국민의 안전을 지키기 위해 비정하다시피 한 가이드 할아버지의 규정 준수는 선진국의 자랑할 만한 표본이다. 막무가내인 한국인 엄마를 설득시키기 위해 안내 할아버지가 2층까지 올라와서 특유의 발음으로 우리를 달래신다. 언어의 장벽이 만든 최대의 희극이다. 다시 한번 더 에든버러에 오라신다.

크루즈를 타지 못하고 기다리는 동안 네스호의 전설을 떠올렸다. 네시라는 공룡만 우두커니 쳐다보고 있으려니 네스호 가운데서 네시를 보았다는 사람들의 생각에 빠져든다. 정말 네시가 호수 가운데에 나타났을까? 심연의 늪 한가운데서의 지겨움을 한순간의 포효로 하늘로 치솟았을까? 상상의 나래는 호수 먼 수평선을 따라 유람선 가운데에 섰다. 저편에서 서서히 다가오는 크루즈에 탄 누군가가 어쿼트성 이야기보따리를 내게 펼쳐 주겠지. 마침내 크루즈를 탔던 사람들과 합류하여 다시 투어를 하게 되었다.

마이크를 잡고 가이드 할아버지는 성을 구경하고 온 관광객들에게 설명을 하시면서(정확하게 알아듣지 못하는 나의 추측) 갑자기 웃음을 참지 못하고 킥킥거리셨다. 버스를 탔던 관광객들은 영문도 모른 채 서로를 쳐다보고 있었다. 이심전심일까? 좀 전의 우리 모녀가 부린 억지 때문에 웃으시는 할아버지의 마음을 알기에 우리도 따라서 배꼽을 잡고 웃었다. 얼마나 웃었던지 눈물이 줄줄 흘러내렸다. 자정이 넘어가는, 이 글을 쓰는 지금도 그 순간의 광경이 떠올라 킥킥거린다.

여독으로 피로가 몰려와 잠을 청했으나 지금의 기분을 놓치면 다시는 이런 글이 나오지 않을 것 같아 피곤함을 무릅쓰고 글을 적었다. 각양각색의 피부와 언어를 가진 사람들이 승객들이었다. 그 버스 안에 한국 사람은 우리 모녀밖에 없었음이 다행인지는 알 수 없다. 옆 좌석엔 젊은 남녀가 가는 순간부터 오는 시간까지 사랑의 밀어를 나누고 있다. 뒤에서 이들을 지켜보면서 안절부절 못하던 아랍인의 표정은 재미있다고 표현하면 실례일까.

안내 할아버지는 딸애가 자신의 손녀마냥 귀여운지 우리 둘에게 명함(부적?)을 주셨다. 그리고 버스 안에서 페이스타임이라는 영상 통화를 하여 우리의 아쉬움을 없애 주려 하신다. 연신 폭소를 터뜨리던 할아버지의 표정을 상상하며 우리 모녀는 서로를 쳐다보고 또 한 번 키득거렸다. 중간에 내리던 비는 도착한 후에도 계속 내리고 있다. 준비 안 된 우리는 에든버러에서 겨우 찾은 비옷을 나란히 둘러쓰고 비를 맞으면서 애꿎은 날씨 탓만

한다. 찌는 듯한 한국 날씨에 맞춰 가져온 옷들은 추위 때문에 짐만 되었다. 중국 음식점에서 가지요리를 주문하여 한숨 돌리고 있는데 택시를 타고 숙소는 잘 갔는지 염려가 되셨는지 또 영상 통화다.

화면 속의 통통한 산타 같은 할아버지. 버스 안에서 마이크를 타고 퍼졌던 그 넉넉한 미소는 한국 모녀의 귀엽고 엉뚱한 억지를 수용한 여유로움인지, 웃음을 참지 못해 내뱉은 폭소였는지는 알 수 없었다. 지구 반대편에서 온 우리를 걱정하시며 탈 없이 여행하라고 건네신 부적(?)은 돌아가신 할아버지의 화신일까? 막내 손주들을 그리도 예뻐하셨던 제주도 하르방의 모습이 떠올랐다. 지구 반대편 스코틀랜드에서 우리 모녀를 귀여워하시던 안내 할아버지가 하늘나라에서 잠깐 내려오신 할아버지라 생각하고 싶다.

아직도 온평리 할아버지 댁 돌담 입구에는 손주들을 태운 경운기에서 깔깔대던 웃음소리를 간직하고 있을까? 또 손주에게 먹일 밀감나무 밭에는 할아버지의 영혼이 스민 밀감이 샛노랗게 익어가고 있겠지.

우리 하르방은 그날도 눈보라로 연착한 비행기보다 애꿎은 날씨 탓만 하고 계셨다. 대기실 난간에 기대어 하염없이 손주들을 기다리시던 그 하르방의 모습이 오늘따라 안내 할아버지의 얼굴에 오버랩되어 나는 마냥 폭소만을 터뜨릴 수는 없었다.

저의 이름을 불러주세요

'제 이름이 뭐예요?'

겨울방학이 끝나고 개학 첫날 급식소 앞에서 있었던 일이다. 6학년 여학생이 마치 자기 이름을 꼭 맞추리라는 확신에 찬 눈빛으로 내게 말했다. '제 이름을 아시나요?'도 아닌 자신의 이름을 알아달라고 알 수 없는 신호를 보내듯이 말이다. 참으로 난감했다. 아이에게 대답할 적당한 말이 생각나지 않았기 때문이다. 이 시절만이 누릴 수 있는 특권이라고 해야 할까? 나는 어리광 섞인 성화라 여기며 그 마음을 받아들이기로 했다.

우리 학교에는 많은 학생과 교직원들이 생활하고 있다. 교육활동에서 친밀감을 형성하는 일이 무엇보다 중요하기에 이름을 불러주려고 나름대로 애를 쓴다. 어쩌다 만나는 아이들의 특징이 생각나면 불러주면서 말을 건네기도 했었다. 아마 아이들은 이런 모습이 참 부러웠던 모양이다. 최근 2년 동안에 각 교실에서 한자 인성 수업을 했었다. 학급에서 얼굴들을 익혔더니 부쩍 아이들이 자신의 이름을 알아 달라고 투정을 부린다. 그것은 오직 자신만의 이름을 기억해 주기를 바라는 순수한 동심일 것이다.

작년에는 자주 마주쳤던 남학생에게 '너 이름이 뭐니?' 하고 물었을 때 황당한 일이 있었다. '휴~ 열다섯 번이나 말했잖아요.'라면서 친구와 답답하다는 듯 눈빛을 주고받았다. 너무나 미안하여 '그래 참 미안하구나. 너의 이름(ㅇㅇㅇ)은 절대 잊지 않을게.' 이젠 어엿한 중학생이 되었을 그 아이의 표정을 생각하며 나는 이름을 되뇌고 있다. 혹시 길거리에서 마주치더라도 이름을 꼭 불러주리라 다짐하면서.

이름을 기억하기 어려운 상황은 또 있다. 코로나로 코와 입을 마스크로 가려서 눈만 보이고 이름도 비슷한 아이들이 많기 때문이다. 그러나 이런 내 사정을 이해할 수 있는 아이들이 아니었다. 어른들은 어째서 했던 말을 수없이 반복하게 할까? 왜 며칠 전 있었던 일도 기억하지 못할까? 아이들이 이해가 되지 않는 것은 당연할지도 모른다.

어린 시절 친정엄마도 우리들을 부를 때면 서너 명의 이름을 모두 불러야 제대로 나왔다. 그때는 엄마를 이해할 수 없다는 표정을 지었는데 이젠 뭐라 변명할 수 있으리오. 나도 동생들을 부를 때면 엄마처럼 하는 그런 행동이 민망하고 현실이 멋쩍은 이유다.

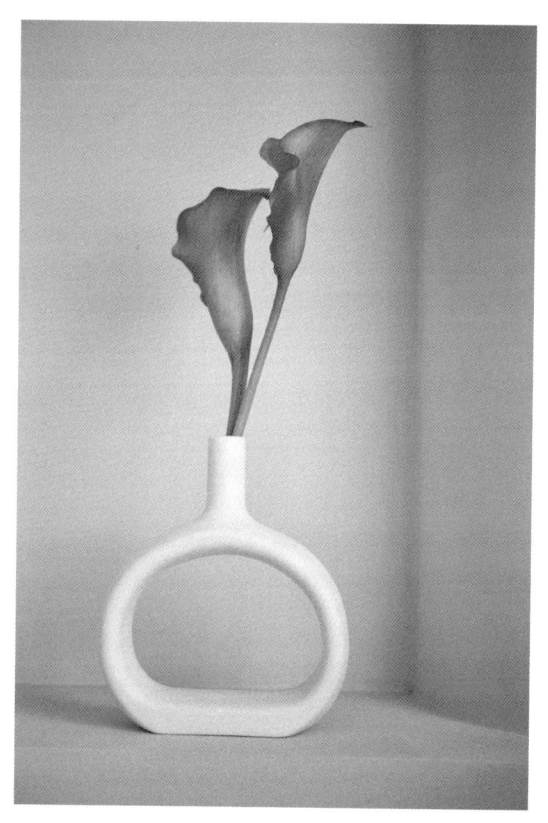

얼굴을 바라보면서 눈빛을 마주하며
이름을 불러주고 싶다.
그리하여 우리 학생들의 이름을
불러주었을 때는
마침내 꽃이 될 것이라 믿는다.

아직도 아이들이 자신들의 이름을 알아달라고 채근할 때가 많다. 이럴 땐 빛의 속도로 내 머릿속이 인공지능으로 바뀌었으면 하는 엉뚱함을 상상해 본다. 하지만 아이들에게 믿음을 주고 싶다는 은근한 나의 속내가 들키지는 않았는지 모르겠다.

> 내가 그의 이름을 불러주기 전에는
> 그는 다만
> 하나의 몸짓에 지나지 않았다.
>
> 내가 그의 이름을 불러주었을 때
> 그는 나에게로 와서
> 꽃이 되었다.
>
> …중략…
>
> 우리들은 모두
> 무엇이 되고 싶다.
> 너는 나에게 나는 너에게
> 잊혀지지 않는 하나의 눈짓이 되고 싶다.

김춘수의 시 〈꽃〉에 나오는 구절이다.
이름을 불러준다는 것은 상대방에게 관심을 보이는 것이라고 했다. 또 자신의 존재를 알아주는 것이며 신뢰가 쌓이는 것이라고도 했다. 그래서 나는 늘 아이들에게 자신만의 빛깔과 향기를 갖고 열매를 맺는 그런 사람이 되자고 강조하였다. 그리하여 그 열매의 쓰임새도 다르니 자신감 있는 행동으로 자기를 사랑하는 사람이 되라고 당부하면서 자존감 교육을 했던 것이다.

얼굴을 바라보면서 눈빛을 마주하며 이름을 불러주고 싶다. 그리하여 우리 학생들의 이름을 불러주었을 때는 마침내 꽃이 될 것이라 믿는다. 환희에 찬 아이들의 모습은 무엇과도 바꿀 수 없는 우리의 미래에 대한 희망이니까.

굳이 매슬로의 욕구를 빌리지 않더라도 우리는 자신을 인정해 주기를 바란다. 사람들은 자아실현이라는 큰 목표를 향해 자신의 일을 즐기면서 최선을 다하고 있다. 어쩌면 우리 아이들도 자아실현을 위해 첫 단계를 열심히 밟아가고 있는 것은 아닐까?

머릿속을 비우면 큰일이라도 나는 듯 나는 매일 채우려고만 했다. 사람의 그릇은 한정되어 있기에 그릇 크기만큼만 담을 수 있다고 한다. 크지도 않은 나의 그릇이지만 자신의 존재를 드러내려는 아이들의 이름을 기억할 수 있도록 조금은 비워두자. 현실에 쫓겨 여유가 없더라도 그들을 어루만지고 살펴줄 공간은 조금 남겨두도록 하자.

하는 일에 몰두하느라 그 여학생의 이름이 상상 속에서만 맴돈다. 미안함을 무릅쓰고 다시 물어봐야겠다. 이름을 불러주어 나에게 꽃으로 다가올 수 있게, 의미 있는 그 무엇이 될 수 있도록 말이다.

박새의 감동
―감동의 순간

 혹여 아이들이 다칠세라 늘 이곳저곳을 살피며 발걸음을 재촉하는 일이 다반사다. 몇 년 전 장미나무에 걸려 있는 축구공을 꺼내려다 캐노피 쇳덩이에 머리를 부딪힌 일도 있었다. 어쩔 수 없이 응급실에서 자신의 소중함을 체험했던 의미심장한 하루였다. 하지만 일에 몰두할 때는 언제나 '아이들의 안전이 우선'이라 그런 위험했던 일도 까맣게 잊는다. 간간이 들려오는 새들의 지저귐이 유난히도 맑다.
 우리 학교에는 텃새들의 보금자리가 될 만한 안식처가 곳곳에 있다. 몇십 년이 넘는 금목서, 은목서에는 박새들이 사철 뛰논다. 또 후피향나무, 호랑가시나무, 구골나무, 주목 등도 직박구리들의 좋은 놀이터다.

젊었을 때는 그냥 다 꽃이려니 생각하고 지나쳤다. 세월이 흐를수록 꽃이 피지 않은 나무들도 궁금하여 잎사귀, 가지 등을 자세히 살폈다. 몇 걸음 가다 금목서 가지 사이를 올려다보니 일회용 컵이 놓여 있었다. 또 '호기심이 많은 아이들의 장난이겠지'라며 올려놓은 이를 탓하려다 소복이 담겨 있는 쌀밥을 보는 순간 스치는 얼굴들이 안개처럼 핀다.

'아, 남모르는 선행이 여기도 있었구나!'

희뿌연 곰팡이가 약간 슬어 있어 처음이 아니었음을 짐작할 수 있음이다. 다름 아닌 우리 학교 ○○ 여사님의 온정 어린 손길이었던 것이다.

우리 학교는 초창기 40학급 이상을 수용했었던 3개 동의 교사(校舍)와 체육관이 있는 대규모의 시설을 갖춘 학교이다. 특히 아이들의 정서와 안전을 생각하여 계단과 연결 복도가 있는 곳은 장판을 깔아서 청소하기가 꽤 까다롭다. 각 4층인데다 엘리베이터가 없어 무거운 짐을 옮기거나 다리를 다치면 생활하기 힘든 구조이기에 늘 미안함이 앞선다. 그렇지만 지원 요청이 까다로워 해결이 쉽지 않다.

이런 악조건에서도 워낙 깔끔한 성격이라 방학이나 한겨울에도 땀을 흘리며 열심히 청소하신다. 한 번은 태양광이 있는 옥상을 살피려다 계단에 있는 걸레와 용구를 보았다. 지나칠 수도 있는 구석구석을 살피시고 근무시간이 지나도 마무리를 해야만 퇴근하신다. 조금 더러워도 좋으니 방학 때에는 쉬엄쉬엄하시라 해도 소용없다. 학교 안을 들어서는 학생들과 선생님들이 깨끗한 환경에서 생활해야 자신도 기분이 좋다고 하신다. 또 나라의 돈을 받는 사람은 책임을 다해야 한다시며 잠시도 쉴 틈이 없다. 연세가 많아 힘드신데도 책임을 다하시는 모습이 참 아름답다. 다시 나 자신을 돌아보는 계기가 된다.

어느 날 수고하신다며 함께 차 마실 기회가 있었다. 남다른 정이 있다는 걸 평소에도 느꼈지만 놀라운 사실을 듣게 되었다. 자신도 넉넉하지 않으면서 어려운 사람들에게 남몰래 매월 삼십만 원씩 기부를 하신단다. 때때로 감당하기 버거울 정도로 힘들 때도 있다고 하셨다. 그때마다 여사님은 계절 따라 화단에 핀 꽃들을 보면서 위로를 받는단다. 또 자신의 도움을 받아 기뻐하는 사람들을 생각하면서 힘을 내신다고 하셨다.

봄에는 화단에 핀 목련꽃을 보면서, 또 늦가을에는 금목서, 은목서의 향기를 맡으며 위안을 받았다고 하셨다. 그런데 이번 봄에는 위로받을 꽃들이 피지 않아 정말 아쉬웠단다. 참 미안했다.

지난겨울의 전정으로 올봄에는 꽃들이 피지 못했다. 너무 많이 잘라 꽃눈이 사라졌기 때문이다. 다시 피어날 때가 오겠지. 전정하는 날 출장이어서 살피지 못한 점이 아쉬웠고 정말 안타까웠다. 다가올 봄에는 매화가 피었으면 좋겠다. 아이들의 웃음 속에 계절 따라 피는 꽃들도 자신의 일에 최선을 다한다.

한여름날 아이들은 돌절구통에서 자라고 있는 식물들을 관찰하느라 여념이 없다. 둥둥 떠 있는 물상추가 마냥 신기한 듯 반짝

예쁜 새들이 마실 물입니다.
버리지 마세요.
모두 건강하시고 새해 복 많이 받으세요.
물이 얼면 한번 교체시켜 주시면 고맙겠습니다.
감사합니다.

이는 눈빛은 더없이 행복하다. '호기심을 자극할 수 있는 배움에 기쁨을 더하게 하자'라며 좋은 환경을 만들어 주어야겠다는 다짐을 해 본다. 유독 한 군데 눈이 가는 절구통에는 흙만 있을 뿐 물이 없다. 물에 있는 장구벌레가 여름에 모기로 변하기 때문에 물을 다 빼어버린 상태다. 모기가 없어 사람들을 물지 않아서 좋았다. 계절이 바뀌어 겨울이 되었다. 하루는 절구통에서 이런 글귀를 발견하게 되었다.

'예쁜 새들이 마실 물입니다. 버리지 마세요. 모두 건강하시고 새해 복 많이 받으세요. 물이 얼면 한번 교체시켜 주시면 고맙겠습니다. 감사합니다.' 대야에 물을 담아 놓고 사랑과 따뜻함을 전한 쪽지 편지가 놓여 있었다. 손 편지가 날아가지 않도록 돌로 눌러놓은 세심함까지 보이면서. 절구통에다 목이 마를 박새를 걱정하며 밥과 물을 담아서 가족을 보살피듯 박새를 챙겼던 것이다.

작은 생명이라도 소중히 여기고 보살피는 여사님의 따뜻한 사랑이 곳곳에서 묻어나는 전경이다. 여기저기서 박새의 울음소리가 들린다. 아, 금목서 가지 속에서 박새들의 지저귐이 유난히 맑았던 이유가 있었구나.

아름다운 울음소리로 유명한 새를 들라면 나이팅게일(우크라이나를 대표하는 새)이라 할 수 있겠다. 베토벤과 헨델도 반했다던 나이팅게일의 울음소리. 그 화음이 아무리 아름다운들, 가슴 벅찬 박새의 감동에 비할 수 있을까?

이제 여사님은 우리 학교를 떠날 채비를 하신다. 그동안 우리들을 위해 봉사해 주신 그 책임감에 훈장이라도 달아드리고 싶다. 교직원들은 발령장 한 장으로 근무지를 옮긴다. 행여 박새는 들고 나는 우리 학교의 구성원들을 알고 있을까? 자신을 보살피던 사람이 떠나는 것을 눈치챌 수 있을지 궁금하다. 고마운 이에 대한 박새의 울음소리.

  42년의 교직 생활을 마무리하는 이 학교에서 빛나는 보석을 찾았다. 아름다운 기부, 내가 앞으로 실천해야 할 또 다른 길을 가르쳐 주는 것일까? 오늘도 달력의 붉은 동그라미 숫자는 나날이 줄어들고 있다.

제2부

은행나무의 고뇌

은행나무의 고뇌

　감나무가 학교 주변을 둘러싸고, 온천으로 관광지가 된 면 소재지의 야경은 도시로 착각해도 좋을 만큼 네온 불빛이 요란하다. 한낮의 뙤약볕을 받아 가을엔 감이 무르익었고 어김없이 계절은 새봄을 알렸다.
　코로나19로 교정의 낮달맞이꽃과 은행나무는 마냥 아이들을 기다리고, 등교수업을 준비하는 농촌 벽지학교의 하루는 요란한 금속음으로 부산하다. 감나무 농사를 짓는 어르신의 민원 쇄도가 있었다. 고심 끝에 내린 결론으로 30여 년간 학생들과 동고동락했던 은행나무를 쇠톱으로 자르고 있는 풍경이다.
　행단(杏壇). 공자가 은행나무(살구나무라고도 함) 단에서 제자를 가르치던 곳이었다. 천하를 주유하며 행단에서 제자들과 논

(論)과 어(語)로 토론할 때 스승의 언행(言行)을 본받으며 귀 기울이고 정진했을 당시의 모습들을 떠올려 본다. 배움의 전당, 학교(學校)는 은행나무(木이 은행나무) 아래에서 친구들과 사귀고(交) 학(學)과 습(習)을 행하는 곳이다.

학(學)은 미성숙된(冖) 아이들이(子) 책을 손에 들고 깍지를 끼고서(臼) 지혜를 본받으려는(爻) 모습의 글자이고, 새들이 날갯짓(羽)을 멈추지 않고 스스로 끊임없이 반복(白)하는 모습을 나타낸 글자가 습(習)이다.

은행나무를 보며 논어의 "學而時習之(학이시습지)면 不亦說乎(불역열호)아!"란 구절을 떠올리곤 한다. 배우고 때로 익히면 또한 즐겁지 아니한가! 조선시대 성균관의 은행나무도 유생들의 숨결을 고이 간직하면서 새로운 유생들을 맞이했을 것이다.

그 은행나무는 여름에 진초록이 좋았고 새들의 지저귐이 휴식이었으며 가을에는 노란 은행잎에 한 해의 추억을 차곡차곡 담았었다.

아이들과 동고동락했던 은행나무를 살리려는 수고는 남달랐지만 오로지 농작물에 피해가 간다는 어르신의 고집스런 마음은 결국 되돌려놓지 못했다. 배를 곯았을, 한 뼘의 땅도 너무나 귀중했을 어르신의 세대, 나에게도 오뉴월 땀 흘리며 보리타작을 경험했던 어린 시절이 있었지만, 이순(耳順)을 갓 넘긴 지금도 그 절박한 심정은 잘 모른다. 땅에 대한 애착, 결실을 위한 한여름의 뙤약볕이 동심의 보금자리보다도 더욱 소중하다는 어르신의 신

인간이라는 이유만으로
은행나무의 생명을 박탈할 자격이 있는가!
이 우주에서 최선을 다하고 있는
찌르레기의 행복을 앗아가도 괜찮은가?

념을 내 잣대로 잰다는 건 무리다. 자식만큼 귀한 곡식을 지키시겠다고 으름장을 놓으시는 어르신 앞에서는 속수무책. 이렇듯 역지사지(易地思之)란 참 어렵다.

어르신의 요지부동에 가치관의 접점도 찾지 못한 채 나는 높은 곳에서 일하시는 분들이 다치지나 않을까 내내 좌불안석이다.

넘쳐나는 정보 속에 내몰린 아이들은 새들의 지저귐에 함께 노래했고, 샛노란 은행잎의 추억도 간직했었지. 천연기념물인 황조롱이에게도 지친 날개를 접어 휴식을 허락했던 아름드리 은행나무 여덟 그루에는 애정과 사연이 많다.

은행나무를 베어내는 요란한 쇳소리에 드러나는 나이테는 고통을 호소하는 살점인지 톱밥이 어지러이 바람에 흩날린다.

며칠 전에는 황조롱이 부부가 새끼 두 마리를 이소(離巢)시키기 위해 날갯짓 연습을 시켰던 곳이었고, 오순도순 정겨움을 누렸을 찌르레기 가족들도 살았던 나무였다. 이 생경한 풍경에 새끼를 보호하려고 은행나무 주위에서 맴도는 찌르레기의 아픔을 인간인 나는 얼마나 이해할 수 있을까. 자식이 죽으면 가슴에 묻고 애간장이 녹는다는 어미의 마음을 말이다.

절단이란 단어가 종일 뇌리를 맴돌고 누구의 상처인지도 모를 아픔, 기진맥진한 자신이 야속하다. 둥치만 남은 은행나무를 보면서 아쉬움을 떨칠 수 없어 자꾸만 자신에게 되묻는다. 어르신에게 인자함을 바랐던 희망은 동심만을 지키려는 나만의 이기심인가. 유난히도 아픈 올해는 아이들의 성장일지도 상처로 채워질까 두렵다.

뼈대만 앙상하게 남은 나무들이 여기저기서 아프다고 아우성이다. 등교수업이 되면 나는 개구쟁이들의 물음에 어떤 대답을 해야 할지 자신이 없다.

"어른들은 왜 나무의 팔을 잘라요?"

"피는 안 났나요?"

"어떻게 치료해 주었어요?"

우리는 인간이라는 이유만으로 은행나무의 생명을 박탈할 자격이 있는가! 이 우주에서 최선을 다하고 있는 찌르레기의 행복을 앗아가도 괜찮은가? 가슴을 저미는 찌르레기의 울음소리는 작년 태풍 '미탁'으로 이 학교 역사상 40년 만에 처음 닥쳤던 물난리를 생각나게 한다. 한순간 자연을 해친 인간의 욕심이 재앙으로 돌아오고 다친 이 생명들 또한 우리 모두의 모습이 될 수도 있다는 예감이 드는 것은 무엇 때문일까?

등교수업 날이면 마주할 은행나무, 이제 아이들의 답답함을 풀어 줄 진초록의 은행나무는 없다. 하지만 화단의 꽃들과 느티나무의 그늘, 걱정하는 마음으로 기다리는 우리 선생님들의 따스한 품이 있음을 위안으로 삼자.

이젠 나무들의 낯선 모습에 익숙해지면서 더 이상 아프지 말아야겠다. 염화시중(拈華示衆). 말하지 않아도 마음으로 통하는, 그래서 나의 아픔과 은행나무의 고뇌가 한마음이었음을. 낮달맞이

꽃 한 송이 들어 보이며 마음을 전해야지. 긍정의 기운으로, 비우면 채울 수도 있음을 아는 것. 이것이 자연의 순리다.

하천초등학교라는 행단에서 나는 모두가 상생 관계로 균형과 조화를 잃지 않는 사람, 지식을 넘어 지혜로운 인간이 되게 하는 인성교육을 하고 있다.

먼 훗날, 자신을 이기고 예로 돌아가며, 가족의 소중함을 알고 효를 실천하면서, 정직하고 책임 있는 사람, 서로 존중하고 배려하며 소통하면서 협동하는 민주시민이 되어 당당하게 모교를 찾았으면 좋겠다.

그땐 아픈 은행나무도 우주를 품을 수 있는 거목이 되어 이들을 맞이하겠지. 뙤약볕도 양보하는 은행나무의 미덕을 생각하고, 특유한 식감의 태추감도 맛보면서, 어린 시절 추억을 나누고 있을 하천꿈동산의 동창생들을 상상하면서 혼자 미소 짓는다.

올가을엔 은행나무의 희생이 자양분 되어 어르신의 감나무밭엔 저녁놀이 질 때까지 감이 익어가는 소리가 유난히 더 크게 들릴 것 같다.

분홍색 두 줄

부인하고 싶었다. 감기겠지. 너무 과로했기에 몸살일 거야. 그렇게 믿고 싶었다. 밤새도록 끙끙 앓으면서도 꿈에서조차 아니기를 바라는 마음뿐. 자가 진단키트의 반응은 변명을 허락하지 않는다. 분홍색 두 줄. 병원에 가서 PCR 검사를 받았더니 부인할 수 없는 확진자란다. 반응 결과에 여지가 없었지만 그래도 구차한 변명을 늘어놓았다. 의사 선생님은 환자의 응석을 잘도 받아 넘기신다.

"그렇지요? 다들 자신들은 방역 수칙을 철저히 지켰는데 억울하다며 하소연을 한답니다."

조금은 민망했다. 기저 질환자라 2년 반 넘게 무던히도 애썼건만 그 수고로움이 부질없었다. 코로나19가 시작된 초기에는 아예

사람들을 만나지 않았다. 많이 완화되었을 때도 집안 행사가 있을 때면 잠잘 때만 빼고 나는 철저히 마스크를 하고 밥도 언제나 덜어서 따로 먹었다. 명절 연휴 때 카페나 음식점 주위의 도로에 세워둔 차를 보면서 사람들을 탓하기도 했었고, 한편으론 좁은 공간에서 저렇게 많은 시간을 함께 있어도 걸리지 않은 게 참 신기했다. 어디서 어떤 경로로 병균이 침투했을까?

 엄마 생신이라 2년 반 만에 처음으로 식구들이 모였다. 사진 찍을 때 잠깐만이라도 마스크를 벗으라며 재촉하길래 잠시 벗었을 뿐이었는데, 다시 생각해 보니 외식을 한 것도 이유가 되지 않았을까? 사실 그때도 한쪽에서만 따로 먹다시피 했는데. 확진자와 접촉이 없어도, 철저한 방역을 했더라도 자신의 면역 체계가 무너지면 어떤 경로로든 침투한다는 사실을 뒤늦게야 알게 된 것이다. 전날 종일 컴퓨터 앞에서 원격연수를 받느라 무리를 한 데다 음식점에서 식사했던 것이 원인이라고 단정을 하는 것이 오히려 편했다. 수심이 가득할 친정엄마의 모습이 스치듯 지나간다.

 2019년 첫해에는 코로나를 핑계로 아버지 제사에도 가지 않았고 다음 해에는 결혼한 자녀들을 명절에도 오지 못하게 했던 비정함도 보였었다. 미련한 나의 마스크 철칙을 보고는 여기저기서 별난 사람이라 무안을 주기도 했지만 들은 척도 하지 않고 나의 철칙을 고수했었다. 다행히 방학 중이라 한시름 놓았지만 교감의 발령지에도 함께 가지 못했던 안타까움은 머릿속에서 지워지지 않을 해프닝으로 남을 것이다.

분홍색 두 줄이 가져다준
괴로웠던 시간들을
독서의 즐거움과
미래의 희망인 아이들을 생각하며
휴식의 기간으로 바꾸었으니
전화위복(轉禍爲福)이라 위로해도 괜찮겠지.

약을 받아 집으로 왔지만 먹을지에 대해 온갖 고민을 하면서 하루분만 먹고 다음 날부터는 꿀에 절여둔 산도라지를 나을 때까지 먹기로 했다. 전날 밤새도록 근육통이 있더니 다음은 머리가 터질 듯 아픈 것이 이번 코로나의 증상은 순서가 정해져 있나 보다. 사흘째 되는 날은 목이 잠겨 버렸다. 앞의 증상은 못 견딜 정도로 아파도 전화상으로는 남이 잘 알 수 없지만 목소리가 잠겼으니 전화 목소리만 듣고도 모두들 놀라는 눈치였다.

어쩔 수 없는 7일간의 자가 격리. 어릴 때 기관지천식을 앓았던 내겐 치명적인 코로나로 다시 일상을 위축되게 하지만 화가 굴러서 복이 된다는 전화위복(轉禍爲福)이라는 사자성어가 떠올랐다. 42년간 제대로 쉬어보지 못했던 직장생활. 내 몸을 억지로라도 돌보라는 신호로 알고 절호의 기회가 될 수도 있는 7일을 휴식의 기간으로 여기자고 마음먹었다. 집에서도 업무를 볼 수 있는 업무시스템이 있으니 학교 업무에도 별 지장은 없을 것이고. 그렇게 하루가 흘러가고 이틀까지는 견딜 만했다. 그러나 평소 가만히 앉아서 생활하는 게 익숙하지 않아 황당하기도 하고 꿈속에서 헤매는 느낌이었다. 옆에서는 꾀를 좀 부리면서 아파트 계단도 걸어보라고도 권했지만 철저한 방역 수칙을 고수하며 문밖출입도 하지 않은 채 괴로움을 달래고 있다.

문득 어린 꼬마들이 마시멜로 테스트에서 먹고 싶은 마음을 억누르고 그 상황을 벗어나기 위해 큰소리로 노래를 불렀다는 내용이 생각났다. 어린아이들도 자신의 한계를 극복하고 인내심을 기르기 위해 방법을 생각해 내는데 불평만 하는 자신이 조금은 멋쩍었다. 미래 교육의 방향 중 자기 관리 역량이 꼭 필요한 이유를 여기서도 찾을 수가 있겠구나. 지금의 악조건을 탓하지만 말고 헤쳐 나갈 궁리를 해야겠다.

그래. 평소 규제 속에서의 문서만 보아왔던 시간들을 세상의 이치가 담겨져 있는 경전의 구절을 읽어보자. 맹자의 진심 편 군자 삼락 중 셋째 "得天下英才而敎育之(득천하영재이교육지)-천하의 영재를 얻어 가르치는 것". 천진난만한 아이들이 뛰노는 운동장이 그립다. 컴컴한 긴 터널을 초조해하며 통과한 운전자의 심정이 이런 걸까. 억울해하는 나를 넷째 동생이 위로한다. 걸리지 않으려고 제약을 받는 것보다 병균이 많이 약해졌으니 덜 위험하고 차라리 지금 감염된 것이 오히려 다행이라고 생각하란다.

코로나를 경험했으니 자신을 관리하는 것은 나의 몫이다. 잘 챙겨 먹고 충분한 휴식도 취해야겠다. 분홍색 두 줄이 가져다준 괴로웠던 시간들을 독서의 즐거움과 미래의 희망인 아이들을 생각하며 휴식의 기간으로 바꾸었으니 전화위복(轉禍爲福)이라 위로해도 괜찮겠지. 내일이면 격리 기간이 끝난다. 수업료를 참 많이도 치른 값진 격리 기간이었다.

긴장도 즐겨보자
―학교의 위기 상황을 겪고서

잠자리에서 늘 되뇌는 말은 '살아서 감사합니다.'이다.

자기 전에는 무사히 지나간 오늘에 감사한다. 일어나서는 기적 같은 또 다른 하루를 소중한 선물처럼 여기며 최선을 다하자고 다짐한다.

집에서 근무하는 학교까지의 출근길엔 터널이 있다. 출발하는 시각보다 터널의 상황에 따라 걸리는 시간이 달라지기 때문에 이 터널을 지날 때면 알 수 없는 우리네 인생에 비유하는 버릇이 생겼다. 똑같은 시각에 출발했더라도 어둡고 답답한 터널에서 사고 차량이라도 생기거나 교통체증이 있는 날엔 출발 시각과는 상관없이 도착 시각이 늦어지는 것이다.

근래에 터널을 지나는 동안 알 수 없는 힘에 끌려 나름의 방식대로 안정을 취하곤 했다. 그런 일들이 생길 때마다 해결해야만 할 문제가 생겼었다. 이런 것을 두고 사람들은 전조 증상이라고 말하나 보다. 2년째 지속된 코로나19는 멈출 줄을 모르고 나는 만약의 경우를 대비하기 위해 선(先) 경험자의 해결 과정을 공유하여 철저한 준비를 하며 하루하루를 보내고 있었다.

코로나19 상황은 학교의 모습을 많이도 바꾸어 놓았다. 학생 수가 적은 학교에서 근무할 때는 코로나19 첫해라 나라 전체가 아니, 세계가 혼란에 빠질 정도로 판단할 수 있는 기준이나 지침이 모호해서 혼란스러웠다.

학교 전체의 학생 수에 따라 학교장의 자율결정으로 교육과정이 운영되기도 하고 상부 기관의 지침에 따르기도 한다. 소규모 학교에서는 학교장의 자율결정이라 그때마다 이웃 학교의 사정 등을 공유하고 학교 실정을 고려하여 많은 고민을 거쳐 결정하였다. 지금은 학생 수가 많은 학교라 단계가 바뀔 때마다 지침에 따라 밀집도를 고려한 등교 형태가 달라지니 그때마다 회의를 거쳐 결정하며 교육과정을 운영한다. 남들이 보기엔 학생 수업도 하지 않는 교장이 제일 편하고 권위만 부리고 있다고 할 수도 있을 것이다. 그리하여 때로는 따가운 시선을 보낼 수도 있겠지만 하루하루가 살얼음판이며 해결해야만 하는 문제의 연속이다. 아무런 내색도 없이 태연한 척 생활하지만 긴장된 상황의 연속은 몸이 먼저 반응을 하는 것 같다.

수없이 망설이며 고민하다 백신 접종을 하기 위해 병원을 방문하여 검사를 받았다. 그동안 공무원 건강검진 결과를 무시한 벌을 톡톡히 받아야 할 상황이 생긴 것이다. 10년 전부터 검진 결과 혈액 이상 유무에서 지질형이라 병원을 방문하라는 의사의 소견이 있었다. 평소 채소를 즐겨 먹고 규칙적인 운동으로 고칠 수 있다고 고집하여 나는 병원에 가지 않았다. 지질형 증세는 운동도, 식습관도 아닌 약으로만 해결할 수 있다는 의사 선생님의 무서운 경고를 듣고서야 정신이 번쩍 들었다. 지금은 치료제를 복용 중이고 평생 안고 가야만 할 숙제가 된 것이다.

불안과 긴장 속에 백신 접종을 취소할까도 생각했다. 하지만 누구보다도 먼저 지침을 준수해야 할 공무원이기에 용기를 내어 접종을 했다. 부기가 있어도 대수롭지 않다고 여겼으나 두 번째 접종 후 주의사항을 읽어 보고서야 후유증이란 사실을 알게 되었다. 의사 선생님은 육십 고개를 넘으면 다 그런 거라고 엄살을 부리는 줄 알았던 모양이다. 몸이 부은 상태가 계속되고 썩 좋지 않은 컨디션으로 생활하고 있었다.

7월 1일 자 행정실장과 직원이 전보 발령되었기에 그분들이 발령받은 부임 학교로 갔다. 그 학교장과 정보 공유를 하고 있을 때 학교 보건교사의 전화를 받았다. 학생의 아버지가 코로나 밀접 접촉자로서 검사 결과 양성이 나왔단다. 지침에 따르면 가족들이 모두 검사를 받게 되어 있다. 5시에 결과가 나오기 때문에 그때까지 기다리면서 대응해야 하는 것이다.

위기의 상황이라 서둘러 학교로 왔다. 대개 위기 상황 시 관리자가 어떻게 대응하느냐에 따라 문제를 잠재울 수도 더 키울 수도 있는 것이다. 사전에 대비했다고는 하나 민원전화가 빗발치듯 했다. 각각의 대응 지침이 있지만 실지 상황에서는 다소 난감하여 관련 기관 담당자에게 문의하면서 대처하고 있었다. 육백여 명의 학생을 둔 학부모님들과 학원에서의 불안감이 그대로 전화기에서도 전해지고 있었다.

개인정보 보호가 최우선이기에 양쪽의 불만을 다 해소할 수는 없었다. 태연한 척 최악의 경우를 대비하여 교장이 지시해야 할 내용들을 메모했다. 선 경험자들의 처리 참고 내용, 현재 시행착오 가능 관련 사항 및 각 업무팀별로 지시해야 할 내용들을 차근차근 생각하면서 대응을 하였다.

5시에 양성 결과가 나왔을 때를 대비하여 수업이 끝난 3시에 비상대책회의를 다시 소집했다. '정도의 차이는 있겠지만 책임은 제가 집니다'로부터 시작된 회의. 며칠 전부터 협의한 내용들을 서로 주고받으며 실전에 대비할 목록들을 하나하나 챙기며 끝마쳤다.

기다리는 동안 접종 후 몸이 좋지 않은 상태에서 다소 긴장을 했던 탓인지, 꽉 낀 옷을 입은 탓인지는 알 수 없었다. 마치 위장이 움직이지 않는 것 같으면서 힘이 소진된 상태다. 우리 몸의 오장육부에서 스트레스에 반응하는 부위는 각각 다르다고 한다. 5시가 되어도 결과가 나오지 않아 늦게까지 결과를 기다리며 비상대책회의에 참석한 팀원들 모두는 초과근무를 하면서 대응했다. 상황을 살피고 관련 기관에 문의하면서 교장의 보좌 역할로 애쓰

어차피 연속된 문제를 피해 갈 수 없고
긴장된 일상이라면 즐기도록 하자.
혼자서 고민하고
연구할 수 있는 공간이 있어
다행이라 여기자.
여유 있는 시간으로
자기 연찬의 기회가 있음은 얼마나 감사한 일인가!

신 교감, 또 업무담당자로서 보건교사 등 여러 선생님들과 직원분들께 머리 숙여 감사드린다.

 평소 교장은 하루 24시간 동안 어떤 일이 있을지 모르는 상황에 대비하여 일을 처리해야 한다. 천재지변, 코로나19 상황 등은 밤낮의 구별이 없다. 어떤 상황이든 긴박하고 중요하지 않은 것이 있으랴마는 특히 학생들의 안전과 건강(정신적, 육체적)에 관련된 내용은 더욱 그러하다.

 결정을 내릴 때까지의 숙고 과정, 결단 등 총역량을 발휘하는 순간의 책임까지도 감당해야 한다. 또 문서로 처리하는 과정에서 '클릭하는 순간에 징벌이 따른다' '교장은 변명의 여지가 없다'는 나의 자조 섞인 문장들이 실감 나는 요즘이다.

 특이하지만 살아오면서 나에게는 번거로운 일들이 참 많았다. 그래도 늘 마무리는 할 수 있어서 다행이라 여겼다. 그리하여 어렵고 힘든 일이 생길 때마다 '또 내게 능력을 키우기 위해 번잡한 일을 주시는구나.'라며 나를 다독이게 된다.

 누군가 인생은 문제의 연속이고 그 문제를 해결하는 과정이라고 했다.

 어차피 연속된 문제를 피해 갈 수 없고 긴장된 일상이라면 즐기도록 하자. 혼자서 고민하고 연구할 수 있는 공간이 있어 다행이라 여기자. 여유 있는 시간으로 자기 연찬의 기회가 있음은 얼마나 감사한 일인가!

 불 켜진 사무실에서 나는 오늘도 바쁜 하루를 즐기고 있다.

배려만이 능사인가

"교장 어딨어요? 교장 나왔어요?"

화재 대피 합동훈련(안전교육) 중 운동장에서 학생 대표와 분말 소화기 사용 시범을 보이고 있을 때, 소방 담당관이 여러 교직원들 앞에서 교장을 찾으면서 한 말이다. 아무리 교권이 실추되었다지만 학생들의 건강과 안전에 최선을 다하고 있는 교장으로서 서글퍼지는 현실은 어쩔 수 없는 나만의 비애로 삼켜야 할 것인가?

교직생활을 마무리할 11월 어느 날, 학교에서 화재 대피 합동훈련(안전교육)을 하게 되었다. 할로윈 데이(10월 29일)에 있었던 돌이킬 수 없는 이태원 사건, 국가적인 애도의 기간 등 모두 가신 이들에 대한 슬픔을 눈물로써 마음을 적시고 있었다. 코로나

19가 대부분의 교육활동을 위축되게 만들어서 이번 화재 대피 합동훈련은 학생들에게 일상의 안전 대비책을 체화시킬 수 있는 좋은 기회라 여겼기에 사전 준비도 철저히 했었다. 하지만 담당자들 간의 원활한 사전 소통 부족으로 훈련을 했던 일은 참으로 안타깝고도 아쉬웠던 점이다.

관점이 다르듯 담당 센터에서는 학교 입장과는 달리 담당관 개인의 입장으로 판단하여 '교장 어딨어요? 교장 나왔어요?' 등 마치 교장이 훈련에 늑장을 부린 것처럼 이야기했고, 또 학교장의 마인드에 문제가 있는 것처럼, 그리고 전 교직원의 안전에 해이성이 있는 것처럼 판단하여 상부기관에 전화를 걸었단다. 우리 학교 행정실장이 지원청 담당자로부터 받은 전화 내용을 알려왔기에 안 사실이다.

그냥 참고 넘어갈 수도 있었다. 위급한 상황에서, 악천후에도 항상 최선을 다하시는 소방관들의 노고를 모르는 바 아니다. 그러나 이번만큼은 개인적으로도, 학교를 대표하는 교장으로서도 반드시 대처가 필요한 사안이다. 누구보다도 많이 아팠던 경험이 있었기에, 또 안전사고로 인한 안타까운 일들을 보아왔기에 학생 안전, 시설 안전, 교직원의 안전과 건강에 결백증이 있을 정도로 나는 철저히 챙겼다고 자부한다. 교직 생활 40년이 넘는 이날까지.

무릇 공무원(公務員)이란 국가, 또는 지방공공단체의 사무를 맡아보는 사람이라고 할 수 있다. 공(公)은 팔(八-여덟, 나누다, 흘러 퍼지다, 분별하다, 구별하다, 버리다)과 사(厶-개인을 뜻함)로 나눌 수 있는데 여기서 (八)은 '분별하다, 버리다'의 뜻으로, 공(公)무원은 사사로운 감정을 버리고 공적인 일과 사적인 일을 구별하여 일하는 사람이라고 해석할 수 있겠다. 아무리 지도 감독의 위치에 있을지라도 공무원은 사적인 감정과 판단보다 법과 원칙에 따라 공무를 수행하여야 한다.

산업안전보건법 등 각종 규제로 학교장의 책임은 나날이 늘어나고 있다.

최고 책임자로서 나는 명확한 법적 근거와 개념 등을 숙지하고, 일일이 기록하며 처리(상대의 입장 배려)하느라 몇 날을 고민하였다. 그리하여 우리 학교뿐만 아니라 다른 학교와의 합동훈련에 있어서 비록 미흡한 점이 발견되더라도 개선·보완해줄 수 있는 기준이 필요하다고 여겼기에 사전에 기준 내용을 마련해 달라고 주문했다. 또 관련 당사자에게는 학교장의 인격과 안전에 대한 마인드를 개인 감정으로 판단하여 처리했기에 나는 최악의 상황까지도 대처할 생각이었다. 그래서 꼭 사과를 받아야만 했고 부서 책임자와 관련 당사자가 직접 학교로 찾아와 교장실에서 사과를 했다. 번거로움이 많았음에도 원만한 해결을 위해 애쓰신 교감, 행정실장의 수고로움에 진심으로 감사를 드린다.

'꼭 이렇게 처리했어야만 했나? 배려만이 능사인가?' '그냥 참고 넘어갈 수도 있지 않았을까?' 이 글을 쓰고 있는 지금도 자문자답해 본다.

겸손이란,
자부심 가득한 자존감이 있을 때
나를 낮추며 남을 배려하는
자세는 아닐까?

나는 어릴 때부터 상대방을 배려하다 보니 상대가 대부분 잘못했어도 먼저 사과부터 했다. 또 따질 줄을 몰랐다. 어쩌면 어른한테 대꾸해서는 안 된다는 아버지 방식의 예절이나, 남을 항상 무한 아량(?)으로 대하는 엄마의 성격을 닮은 탓인지 하고 싶은 말도 머뭇거렸고 참기만 했었다. 더하여 오랫동안 앓았던 비염은 50대 초반까지 나를 괴롭히면서 자신감을 잃게 했고 직장생활에서도 내 발등의 급한 불을 끄기보다 상대의 입장부터 생각했다.

그때까지 나는 낮은 자세로 남을 배려하는 마음이 겸손인 줄만 알았다. 그러나 겸손이 아니라 자존감이 낮다는 걸 어느 선배의 따끔한 충고로 뒤늦게야 알게 된 것이다.

한동안 '지나친 겸손은 비굴이다'는 어느 글귀가 뇌리에 맴돌아 무력감에서 헤어나질 못했다. 맘속 깊이 자리하고 있던 생채기가 아물어 갈 무렵 내 나름의 해석을 해보았다. 혹여 겸손이란, 자부심 가득한 자존감이 있을 때 나를 낮추며 남을 배려하는 자세는 아닐까?

"유리하다고 교만하지 말고 불리하다고 비굴하지 말라. (중략) 태산 같은 자부심으로 누운 풀처럼 자기를 낮추어라." 마음속에 담아둔 경전의 구절 〈지혜로운 삶〉이다. 사람은 상황에 따라 적절한 처신으로 공과 사를 구별하여 행동할 때 자신의 위치가 더욱 빛나는 법이다.

이번 사안을 처리하는 과정에서 나는 자신에게 지혜로운 사람인가를 진지하게 물어본다. 에너지를 소진하며 번거로운 일이었고 바쁜 나날이었기에 그냥 넘길 수도 있었다. 하지만 처리하기까지의 힘들었던 과정도 이겨내며 끝까지 포기하지 않았던 나만의 용기였다.

사무실 주위로 어둠이 드리운다. 서녘 하늘의 붉은 노을이 오늘따라 용광로의 불꽃처럼 더욱더 붉다.

특별한 졸업식
—안남초등학교 졸업식

○○○ 학생을 비롯한 108명의 졸업생 여러분!

오늘 아침 교문 앞 느티나무 위에 앉아 있는 까치를 본 친구가 있나요? 까치들이 여러분의 졸업을 눈치챘는지 반갑게 지저귀고 있었습니다.

제55회 졸업식을 맞이하여 여러분들의 졸업을 진심으로 축하합니다.

2020학년도의 특별한 상황 속에서도 어려움을 이겨내고 졸업장을 받게 된 여러분들이 참으로 대견하고 자랑스럽습니다.

1년간 두려움에 떨게 한 코로나를 겪으면서도 잘 이겨내 주어서 정말 고맙습니다. 아마 여러분들도 영원히 6학년 시절을 잊지 못할 것입니다. 이 졸업식도 방송실 카메라 앞에서 하게 되어 참으로 안타깝고 여러분의 반짝이는 눈빛이 더 보고 싶어집니다.

훗날 추억의 장을 넘기며 앨범을 보면서 이 시절을 회상할 때도 있겠지요. 앨범 속에는 마스크를 쓰고 1년간 활동했던 모습들만 있을 것입니다. 담임 선생님의 발표가 있어도 영상으로만 얼굴을 보면서 원격수업이란 것도 처음 해 보았지요. 학교에서도 거의 체험활동을 하지 못하고 1년을 보냈으니 참으로 답답했을 것입니다.

그러나 다행스러운 일은 모두가 다 좋지 않은 일만 있었던 것은 아니랍니다. 친구들과 같이 어울리지는 못했어도 자신만의 시간을 많이 가졌다는 사실입니다. 시간이 부족하여 읽지 못했던 책을 맘껏 읽었을 것이고 자신이 누구인가를 생각하는 친구도 있었을 것입니다. 또 환절기 때마다 감기로 고생하는 친구들이 덜 아팠을 것 같아 조금은 마음이 놓였답니다.

여러분, 6년간의 학교생활 속에서 수많은 일들이 떠오르겠지만 친구들과의 아름다운 추억, 부모님의 지극한 정성, 6년간 나를 가르쳐주셨던 선생님들의 고마움을 기억하는 사람이 되었으면 합니다.

살아가면서 뜻깊고 좋은 말씀들을 많이 알게 될 것입니다. 그 중에서 저는 이 뜻깊은 날에 한자 세 글자(公, 私, 鬼)를 풀이하여 전하고자 합니다.

먼저 공(公)의 글자는 여덟 팔(八, 나누다, 분별하다)자와 사사롭다의 사(厶)로 나눌 수 있습니다. 내가 하는 일이 공동의 일을 위해 하는 일인지 개인의 욕심을 채우기 위해 하는 일인지를 분별할 줄 아는 게 글자 공(公)입니다.

사(私)는 벼화(禾, 곡식)와 사사롭다의 사(厶)로 나누는데 벼를 베고 난 다음 '이것은 내 거야'라고 팔 안으로 벼를 가져가는 모습의 글자입니다. 자신의 욕심을 나타내는 글자이겠지요.

그리고 귀신(허깨비) 귀(鬼)는 사사롭다의 사(厶)와 걷는 사람 인(儿 어진사람), 정수리 신(囟)의 글자가 모여서 만들어진 글자입니다.

개인의 욕심만 채우다 공동체에 해를 끼치거나 남을 해롭게 하는 사람이지요. 자신의 올바른 모습이 아닌 귀신, 즉 허깨비라고 생각하게 하는 글자입니다.(머리에 뿔이 하나 달린 도깨비)

이렇듯 공과 사를 구별하지 못하고 자신의 욕심만 채우는 사람이 얼마나 무서운지를 잘 보여주는 글자라고 할 수 있습니다. 우리 졸업생들은 이런 사람이 되리라고는 생각하지 않습니다.

하지만 아무리 좋은 말이라도 가슴에 새기지 않으면 소용이 없습니다. 또 가슴에 새긴들 실천하지 않으면 아무런 의미가 없으니 반드시 새겨서 실천하는 사람이 되십시오.

여러분들은 졸업 후 우리나라의 대들보가 될 아주 귀한 사람입니다. 공과 사를 잘 구별하면서 이 사회를 이롭게 하는 사람이 되십시오. 우리 학교 교목인 느티나무에 담긴 뜻처럼 그늘을 만들어 사람들을 편히 쉬게 할 수 있는 그릇을 가진 사람이면 더욱 바람직합니다. 그리고 자신의 일을 즐기며 날마다 얼굴에 미소가 가득한 사람이면 좋겠습니다. 그런 어른이 되어 우리 안남초등학교를 찾는다면 오늘처럼 까치도 반갑게 맞이할 것입니다. 건강하시고 언제나 행운이 함께하길 기원합니다. 감사합니다.

제3부

미소 띤 얼굴엔
행복한
마음이

미소 띤 얼굴엔
행복한 마음이

　세상에는 아름다운 것들이 참 많습니다.
　온 산을 분홍빛으로 물들인 진달래가 있고 화단의 치자나무에는 여름을 알리는 향기가 우리들의 코끝에 스며듭니다. 아름다운 자태를 뽐내고 있는 식물들은 우리 모두를 시인이 되게 합니다. 피아니스트의 열정적인 연주 모습, 기둥을 맞고 튀어나온 공을 다시 머리로 슛하여 골인하는 축구선수의 감격에 찬 표정은 그 자체가 예술입니다. 또 시의 구절 하나를 완성하기 위해 밤을 하얗게 새우며 고민할 때가 많답니다. 딱 들어맞는 어휘를 발견한 시인의 마음은 세상을 다 얻은 듯한 뿌듯함이겠지요. 젖을 먹이면서 마냥 흐뭇해하시는 어머니. 온화한 그 미소 또한 세상에서 빼놓을 수 없는 멋진 모습이랍니다.

이런 아름다움을 맘껏 누릴 수 있는 우리들이 다른 사람을 감동하게 할 수는 없을까요?

초롱초롱한 눈망울들이 자꾸만 나를 보고 웃습니다. 마치 내가 그 답을 알고 있는 듯 해답을 달라고 보채는 것 같아요. 여러분은 스마일 마크를 보신 적이 있나요? 보았다면 직접 그 표정을 지어 봅시다.

눈은 웃고 있는데 입꼬리가 밀을 듣지 않네요. 친구끼리 시로 쳐다보면서 입가를 올리는 연습을 꾸준히 해봅시다. 억지로 입꼬리를 올리면 눈이 찌푸려지고 이상한 표정이 되지요. 즐거운 마음에서 저절로 나오는 웃음은 행복하다고 말해 줍니다. 억지로 웃는 웃음은 어색해서 오래가지 못하는 법이지요. 맘껏 환하게 웃어 보세요.

활짝 웃으려면 몸과 마음이 다치지 말아야 합니다. 활발하게 뛰어놀면서도 위험한 장난은 하지 말아야겠지요. 교실에서는 규칙을 잘 지켜 질서 있는 생활을 하면 됩니다. 등하굣길에도 안전 생활을 몸에 익혀 당연히 교통신호를 지키겠지요. 특히 실수로 얼굴을 다쳤을 때는 후회해도 소용이 없답니다. 우리 얼굴엔 너무나도 소중한 기관들이 많이 있으니까요. 그리고 몸보다 더욱 소중한 마음을 다치지 말아야 합니다.

자신이 소중한 만큼 친구도 소중합니다. 서로의 마음을 바꾸어 생각해 보세요. 이해하며 따돌리는 일이 없어야 나도 기쁘고 친구도 즐겁답니다. 항상 건전한 생각과 꾸준한 독서로 자신의 꿈을 향해 노력하는 사람이 되도록 하세요. 몸과 마음이 건강하고 즐거우면 내 마음은 저절로 내 얼굴에 미소로 보답합니다. 그런 우리들은 언제나 미소 띤 얼굴, 행복한 마음으로 오늘도 우리 친구들은 씩씩한 발걸음을 내딛습니다.

화양(花陽)의
야생화와 아이들

　학교의 역사만큼이나 전통을 자랑하는 화양초등학교에는 올해도 어김없이 철쭉이 진분홍을 뽐내며 활짝 피겠지요. 5월이면 수많은 졸업생을 배출한 전통 있는 학교의 철쭉꽃도 자긍심이 대단할 것입니다. 아이들은 학구 안 지역민들의 효행 정신을 본받고 계승하여 학교를 사랑하자는 뜻이 담긴 화양철쭉제로 들떠 있습니다. 현관 앞 화단에 핀 철쭉은 이 학교의 교화이지요.
　철쭉의 꽃말을 아십니까? 사랑의 즐거움이랍니다. 즐거움은 함께 어울릴 수 있는 공동체 속에서의 기쁨입니다. 부모님을 사랑하고 편하게 해 드리는 마음이 효이고 자식을 어여삐 여기는 마음이 또한 자식 사랑이며 기쁨이지요. 철쭉제에 맞춰 주남저수지의 식물들도 여름을 준비하느라 분주합니다. 여기저기서 습지를 보호하려는 진심이 전해진 것은 아닐까요? 물속에서 마름이 고맙다고 뿌리를 살랑살랑 흔듭니다.

　우리 학교는 환경생태 시범학교를 운영하고 있어요. 습지 사랑을 실천하기 위해 생태연못의 식물을 관찰하는 공부를 한답니다. 오수처리 장치에서 식물이 더러운 물을 걸러내는 과정들을 직접 공부하는 장면이지요. 새롭고 신기한 공부라 여기저기서 감탄하는 목소리가 들리네요.

　과학자 아르키메데스가 부력의 원리를 발견한 기쁨보다 더한 환호성이겠지요. 습지 속에 뿌리를 두고 있는 갈대, 부들, 물억새, 마름, 물수세미 등은 물을 깨끗하게 해주는 식물이지요. 그 걸러내는 과정을 직접 볼 수 있는 학교에 다니는 우리 친구들은 참 행복합니다. 그뿐인가요. 오늘도 여기저기서 꽃동산에 핀 야생화와 이야기를 주고받습니다. 가슴이 따뜻한 우리 아이들은 요일마다 실시하는 방과후학교 교육활동을 통해 자신의 꿈을 키워가고 있지요.

　덩 덩덕 쿵덕 덩 덩덕 쿵덕…… 장구 장단에 맞춰 어깨춤을 덩실덩실 춥니다. 리코더와 오카리나의 아름다운 선율은 주남저수지에서 서식하는 철새들의 자장가도 되고요. 글로벌 시대에 발맞추기 위한 영어 체험 교육은 친구들이 영국의 버킹엄궁을 구경하는 자신을 상상하며 빙긋이 웃고 있겠지요. 미래사회에서 주도적인 삶을 이끌기 위해 컴퓨터 교육을 받는 아이들의 웃음소리가 요란합니다. 덩달아 꽃들도 아이들에게 상큼한 향기로 응원합니

아이들을 사랑하는 선생님들도
늘 화단에 핀 꽃들을 눈여겨봅니다.
아이들이 소박한 꿈을 이룰 수 있도록 격려하지요.
마음을 다독이고 끊임없이 사랑을 주시는 보람에
하루의 피로도 잊는답니다.

다. 몸도 마음도 쑥쑥 자라는 요가도 한창입니다. 아주 부드럽게 팔 동작을 따라하며 땀 흘리는 모습이 참 이쁘기도 하지요. 우리 학교 이름을 한자로도 척척 쓸 수 있네요. 그 한자에 새겨진 의미를 떠올리며 크게 꽃 화(花) 볕 양(陽)을 외우는 아이들이 대견하기만 합니다. 이 원대한 꿈을 가진 아이들의 기쁨을 누가 알고 있을까요? 야생화와 생태연못의 꽃들도 알고 있는지 자꾸만 우리의 언어로 묻고 싶어집니다.

　아이들은 긴 역사를 자랑하는 학교에서 전통을 따르며 튼튼하고 슬기롭게 자랍니다. 활짝 웃음을 선사하는 철쭉에게서 아름다운 미소를 배우겠지요. 척박한 땅에서도 꽃들은 자신만의 멋을 가꿉니다. 끈질긴 생명력을 자랑하는 야생화를 보고 우리 친구들은 무엇을 생각할까요? 시골길을 묵묵히 걸어가며 자립심도 키웠군요. 시련을 참고 견딘 연꽃이 인간에게 주는 이로움을 생각해 보셨나요? 연꽃은 대가를 바라지 않고 물을 정화합니다.

　우리 친구들은 잎과 줄기, 뿌리를 내어주는 연꽃 특유의 나눔을 보고 아름다운 기부를 배웠습니다. 이렇듯 자신만의 탐스러운 열매로 식물들은 멋진 결실을 보여줍니다. 바른 인성과 알찬 실력으로 사회에 이바지하는 삶을 기꺼이 실천하는 화양 어린이가 될 것을 믿습니다.

　아이들을 사랑하는 선생님들도 늘 화단에 핀 꽃들을 눈여겨봅니다. 아이들이 소박한 꿈을 이룰 수 있도록 격려하지요. 마음을 다독이고 끊임없이 사랑을 주시는 보람에 하루의 피로도 잊는답니다. 그리고 자신들은 끊임없이 연구합니다. 마음이 통하면 눈빛으로도 서로의 마음을 읽을 수 있겠지요. 그들은 야생화를 닮아 자신만이 가진 꿈의 결실을 위해 노력하는 아이들의 마음이 보인답니다. 아이들이 즐겁게 배우고 교사들이 신명 나게 가르칠 수 있는 행복한 학교라면 학부모들도 자녀들을 보내고 싶고 머무르게 하고 싶은 학교가 되지 않을까요.

해마다 화양 뜰의 앵두가 빨갛게 익어가고 노란 은행잎이 물들면 주남저수지를 찾아오는 재두루미들이 하늘을 유유히 날아듭니다. 내년 봄 철쭉제가 열리면 졸업생들도 어릴 적 꿈의 보따리를 찾아 이야기꽃을 피우겠지요. 후배들을 위한 작은 정성이 얼마나 뿌듯한지는 어려운 이웃을 위해 베푼 사람만이 느낄 수 있는 기쁨입니다. 화단에 세워진 후배 사랑 시계탑이 오후 여섯 시를 가리킵니다. 드넓은 세계에서 능력 있는 후배들을 부르노라고, 시간의 소중함을 일깨워 줍니다. 자연을 사랑하는 마음과 알찬 실력을 갖춘 화양 친구들은 오늘도 더없이 행복합니다. 세계의 무대에서 활약할 어린이를 위해 헌신하시는 모든 분들도 화양 철쭉제로 한데 뭉쳐 행복할 수 있었으면 좋겠습니다.

자신만의 빛나는 꿈은
참 아름답습니다

禮谷(예곡)이란 한자의 의미에서도 알 수 있듯이 우리 학교는 참되고 예의 바른 학생들이 모여 있는 곳입니다. 마을 어르신들과 함께하는 한마음체육회에서 우리 어린이들이 자신만의 빛깔과 향기를 뽐냈던 모습들은 마을 어르신들께 자신의 손주인 양 많은 기쁨을 안겨 주기도 했답니다.

오랜 역사와 빛나는 전통으로 '미래사회를 주도할 참되고 능력 있는 사람'이 되기 위해, 여러분들이 1년 동안 자신만의 알찬 꿈과 추억들을 모아, 여기 2017학년도 《꿈꾸미》 제11호에 담았습니다.

그동안의 숨은 노력과 함께 즐겼던 활동들이 이렇게 2017학년도 《꿈꾸미》로 발간되어 또 하나의 기쁨이 생겼습니다.

3월부터 전교생이 한자리에 모여 예그리나* 가족공동체를 이루어 학교에서, 때로는 체험 장소에서도 다양한 교육활동으로 서로 협동하고 배려하면서 많은 추억을 만들었습니다. 아이들과 함께 활동하시면서 애쓰시고 대견해하셨을 우리 교육 가족 여러분께도 감사의 마음을 전합니다.

봄동산의 아름다운 꽃들이 빛깔과 향기만 있다면 얼마나 안타까울까요? 가을에 맺는 열매가 있어 참으로 다행이란 생각이 듭니다.

여러분들도 꽃을 피워 열매를 맺는 식물처럼 자신의 꿈이 열매를 맺어 현실로 다가오는 모습을 한 번 상상해 보십시오. 얼굴엔 기쁨에 찬 미소가 번질 것입니다. 앞으로 4차 산업혁명 시대를 살아갈 여러분은 참되고 능력 있는 사람이 되기 위해 내가 잘할 수 있고 즐길 수 있는 분야에 관심을 가져야 합니다. 얼마나 관심을 가지고 노력하는지, 또 저마다의 꿈을 이루기 위해 나는 어떻게 생활하고 있는지를 되돌아보는 시간도 가졌으면 합니다.

나날이 새로워지는 시대에 살아갈 우리 예그리나(사랑하는 우리 사이) 친구들! 예곡초등학교에 대한 자부심을 갖고 자신만의 꿈을 향해 달리는 여러분들의 멋진 모습에 힘찬 응원의 박수를 보냅니다.

---

*예그리나: 순우리말이라고 하나 국립국어원에 보면 순우리말이 아니라고 나와 있습니다.

참되고 능력 있는 사람이 되기 위해
내가 잘할 수 있고 즐길 수 있는 분야에 관심을 가져야 합니다.
얼마나 관심을 가지고 노력하는지,
또 자신만의 꿈을 이루기 위해
나는 어떻게 생활하고 있는지를
되돌아보는 시간도 가졌으면 합니다.

꿈꾸미 가족들의
영롱한 보석 열매

 아픈 지구의 여름은 무던히도 더웠습니다. 한 포기의 벼가 열매를 맺기까지 농부의 일 년은 참 바쁘기도 합니다. 시기에 맞춰 씨를 뿌리고 땀 흘려 일구어야겠지요. 때로는 하늘의 배려도 조금은 필요합니다. 함께 어울려 힘을 보태어야 황금빛 물결의 기쁨도 맛볼 수 있겠지요.

 우리 예곡초등학교 꿈꾸미 가족들의 여름은 어떠했나요? '예그리나'와 함께 인성과 실력을 키웠습니다. 우리 학교의 특색활동을 위해 꿈자람터에서 계절마다 최선을 다하는 모습이 참 보기 좋았습니다.

 '한 자리 모임 꿈자람터'엔 도움가족, 깔끔가족, 밝음가족들이 함께 생활하고 있었지요. 또 나눔가족, 바름가족, 푸름가족도 달마다 특색 있는 활동들을 함께하였을 것입니다. 전교생이 예그리나(사랑하는 우리 사이)와 함께 서로를 위하며 나누고 규칙을 지키느라 애썼지요. 사랑과 웃음이 가득하고 자연을 사랑하여 푸른 환경이 되도록 조심스럽게 걸음을 내디딜 때도 있었답니다.

　교육공동체가 서로 도움을 주고받으면서 협동했던 한마음체육회도 즐거웠습니다. 어르신들의 어린 시절을 생각나게 해 주는 지구 구르기는 잠시나마 주름살이 펴진 것 같아 저도 덩달아 신이 났습니다.

　자신의 꿈과 끼를 자랑하며 함께 어울렸던 꿈꾸미축제 때에는 자기 모습에 반한 친구들이 꿈이 깨지지 않기를 손모아 간절히 기도했다지요.

　아나바다 운동은 아끼고 나누며 바꿔 쓰고 다시 쓰는 절약 정신이 담겨 있습니다. 우리들의 생활 속에서 실천해야 할 좋은 본보기가 되었습니다.

　활동할 때마다 제각각의 영롱한 빛깔들을 자랑하며 예, 효를 실천하는 모습들은 우리 학교만의 특색입니다. 배려하며 서로 아끼고 위해 주는 마음은 살아가면서 해결해야 할 문제가 생겼을 때 협력하는 모습을 가르쳐 줍니다. 1년간 활동하면서 보였던 정직한 마음과 책임을 다하는 모습들이 주마등처럼 지나갑니다. 또 그런 장면들이 하나하나 떠오를 때마다 저도 모르게 입가에 미소가 번집니다.

　인공지능과 로봇의 시대에 감히 이들이 흉내 내지 못할 감성과 인성을 가진 우리 꿈꾸미 친구들!

굳이 인성교육의 덕목과 가치, 핵심역량을 이야기하지 않아도 될 것 같습니다. 훌륭한 인성을 갖추고 솔선수범하시는 우리 선생님들이 아이들의 본보기입니다. 참된 가르침으로 꿈꾸미 친구들의 행동에서 우러나온 멋진 품격은 영롱한 빛깔의 보석 열매, 우리 대한민국의 자랑입니다.

그동안 2018학년도 제12회 꿈꾸미의 발간에 숨은 노력을 아끼지 않으셨던 모든 분들의 열정이 희열로 바뀌는 순간입니다. 수고하셨습니다.

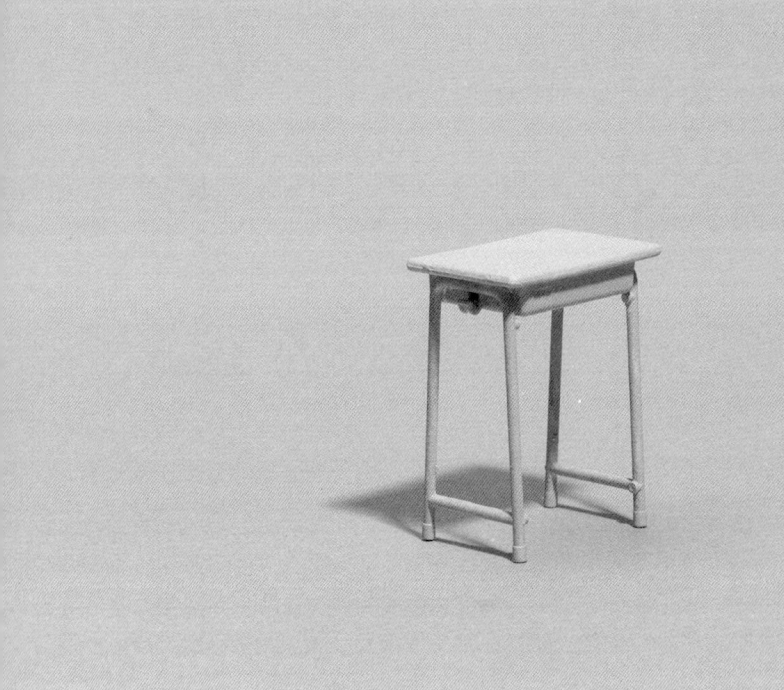

배운 연후에
부족함을 알고

가르친 연후에야
막힘을 알게 된다

배움의 즐거움으로
모두가 행복한 교실

《예기(禮記)》에 나오는 교학상장(敎學相長)이란 "배운 연후에 부족함을 알고 가르친 연후에야 막힘을 알게 된다는 말입니다. 그리하여 부족함과 막힘을 알아 스스로 반성하고 힘쓸 수 있으니 남을 가르치는 일과 스승에게서 배우는 일이 서로 도와서 자기의 학업을 증진시킨다."라는 말로 풀이하고 있습니다.

예곡초 '행복한 수업 만들기 교사 동아리'는 감히 우리 학교만이 가진 자랑스런 교원 문화라고 자부할 수 있습니다. 가르치는 준비 과정에서, 배움이 일어나기를 갈망하는 학생들의 눈빛과 열정을 알기에 교사들의 고민은 깊어갑니다. 또한 학생들에게 알아가는 과정의 기쁨을 한층 더 맛보게 하려는 것이 교사의 고민이 아닐는지요.

모두가 어려워서 회피하던 수학도 선생님들과의 수업 협의를 거치면 퍼즐을 맞추듯 학생들은 호기심을 가집니다. 개념학습도 생각하는 수학이 되고 문제해결을 위한 토의와 실생활 속에 적용하는 문제도 학급 회의를 하듯 진지하게 접근합니다. 선생님들은 수업의 단계를 고집하지 않고 학생들의 수준에 맞추어 영역별로 이해하기 쉽게 풀어갑니다. 그 과정에서 학생들의 배움이 일어나는 단계를 참관하시는 분들이 놓쳤을 리는 없겠지요.

교과목의 특성을 살려 배우는 기쁨을 맛보게 하려는 선생님들의 시도가 예사롭지 않습니다. 미래사회가 요구하는 창의 융합형 인재를 키우기 위해 고민하는 모습들을 지켜보면서 희망을 떠올렸습니다. 4차 산업혁명 시대를 살아갈 우리 학생들은 수많은 정보를 수집하여 자신이 창작물을 만들어 내기도 합니다. 그리고 선생님은 학생들이 수집한 정보가 정확한지를 명확히 구분할 수 있도록 미디어 리터러시 교육의 중요성을 강조해야겠지요. 또 학생들이 서로를 존중하고 배려하며 토의하는 모습에서 대한민국의 밝은 미래가 보이는 것 같아 저도 기쁩니다.

화단에 있는 은목서의 그윽한 향기가 교정에 가득할 때 교육활동의 결실을 은근히 채근합니다. 예곡초등학교의 행복한 수업 만들기 학습동아리 선생님들의 애씀이 눈에 선하네요. 선생님들의 결실이 어느덧 사례집으로 발간되어 우리들의 눈앞에 한 상자의 선물로 배달되었습니다.

사례집이 나오기까지 그동안 학생들에게 배움의 즐거움을 선사해 주셔서 고맙습니다. 또한 가르침을 통해 더욱 발전하신 선생님들의 수고로움과 열정에 박수를 보냅니다. 이 좋은 자료들이 다른 학교 선생님들의 수업 자료로도 많이 활용되고 아울러 도움이 되었으면 합니다.

꿈이 있어 행복한
우암 어린이

　철새의 보금자리로 소문난 우리 고장 주남저수지에는 온갖 습지식물들이 철마다 찾아오는 관람객들을 반깁니다. 겨울에는 대열을 지어 날아오는 가창오리 떼들, 여름에는 연꽃들의 향연에 사람들은 가슴이 벅차오르지요. 특히 눈에 많이 띄는 연꽃은 진흙탕 속에서도 튼튼한 뿌리와 줄기, 잎, 꽃, 열매를 아낌없이 우리 인간들에게 선사하면서 또 흐린 물을 한없이 맑게 해 줍니다. 여러분은 인간에게 베풀고 있는 자연의 오묘함을 아시는지요?
　요즘 우리 학교뿐만 아니라 어려움을 겪고 생활하면서도 말 못할 사정이 있는 친구들이 있을 것입니다. 모두가 똑같은 환경에서 자랄 수는 없지요. 부모님이 다르고 사는 동네도 다르듯이. 그런데 우리는 마냥 내가 살고 있는 환경만 탓할 수는 없습니다. 우리들의 학교생활은 계속되고 우리 자신은 매일매일 성장을 하고 있으니까요. 만약 연꽃이 깨끗하지 못한 진흙탕 속이니 나는 꽃을 피우지 않겠다고 고집부리고 주변 환경만 탓하고 그대로 있었다면 연꽃이 이렇게 많은 것을 남기고 우리 인간들에게 도움을 줄 수 있었을까요?

매달 넷째 주 수요일에 펼쳐지는 '우암초등학교 한자리 꿈이야기'는 저에게 많은 것을 생각하게 합니다. 초등학교 시절에는 자신이 얼마나 소중하고 이 세상에서 꼭 필요한 존재인지를, 또 자신이 잘할 수 있는 것을 찾아내는 일이 무엇보다도 중요하고, 왜 자신을 사랑해야 하는지를 깨달아야 하는 시기입니다.

우암 어린이들의 꿈 이야기를 듣고 있노라면 먼 훗날 자신의 꿈을 이루어 미소로 대신할 아이들의 마음이 보이는 듯합니다.

"비록 친구와 다른 환경에 처해 있지만 친구보다 못한 환경은 아니니까요. 그리고 나에겐 남들이 흉내 낼 수 없는 나만의 소중한 꿈이 있고 지금 그 꿈을 향해 열심히 달려가고 있으니까 행복합니다."

어려운 여건 속에서도 입학 때부터 꿈을 가지고 또 그 꿈을 이루기 위한 노력을 할 수 있도록 애써 주신 선생님들의 고마움에 저절로 고개가 숙어집니다. 꿈이 있어 행복하고 먼 훗날 그 꿈을 이룬 미래의 우암 어린이들의 행복한 모습이 떠오르네요. 덩달아 저 또한 살며시 미소를 짓게 됩니다.

더욱 값진 만남을 위해

내가 자주 올라가는 각산 봉화대에서 내려다본 삼천포와 남해 사이의 다리(창선삼천포대교−초양교, 늑도교, 창선교 엉개교:각각의 연결된 다리 이름) 연륙교는 2003년 4월 28일 개통하여 동양에서도 최고의 멋을 자랑하는 대교다. 섬 학교에서 내려다보이는 네 개의 다리는 바다와 어우러져 한 폭의 그림 같다. 관광버스와 승용차가 줄을 이어 멈추어 있는 듯한 모습은 우리 고장이 관광 명소임을 실감 나게 한다. 또한 저마다의 아름다운 자태를 뽐내며 묵묵히 서 있는 저 다리들은 8년간의 긴 공사를 마무리한 기술자들의 노고와 흔적을 말없이 대변해 주는 것 같다.

기술자들의 노력과 흔적은 커다란 다리의 완성으로 우리에게 그 결실을 보여주건만 한 인간에 대한 교육의 완성은 어떤 모습으로 나타내어야 할지 20년이 넘게 아이들과 생활하며 고뇌한 나로서도 감히 엄두가 나지 않는다. 어쩌면 앞으로도 영원히 그려내지 못할 미완성의 그림은 아쉬움만 남긴 채 교직을 떠날 수밖에 없을 것이다.

1년 전 한자를 가르쳐야겠다는 각오와 열성은 대단했으나 어설픈 계획으로 시행착오도 많았다. 개개인의 인간성을 파악하고 개성에 알맞은 교육을 한다는 것이 얼마나 어려운가를 절실히 느껴 올해엔 작년의 실수를 거울삼아 계획부터 철저히 하고 점검하여 알찬 교실 수업 개선이 되도록 최선을 다하였다.

> 제7차 교육과정 중 재량활동은 개성 있고 창의적인 인간 육성을 요구하는 시대적 상황에 부응하고 교육제도 운용, 교육 내용 변화를 추구하는 교육적 요구, 학교의 특수성, 교사의 교육관에 따라 학교 나름대로 특색 있는 교육활동을 전개할 수 있는 제도적 장치인 것이다. 학교에서의 다양하고 특색 있는 교육과정 편성과 운영을 위해서는 학교 교육과정을 자율적으로 결정·운영할 수 있는 권리와 책무가 학교에 부여되어야 한다. 이 점에서 제7차 교육과정에서 구조적 특징으로 자리잡은 '재량활동'이 학교 교육과정의 다양화, 자율화를 위한 시금석이라 할 수 있다.

내가 근무하는 신도분교장 학부모들은 바다를 터전으로 삶을 꾸리고 있으며 학구 내 주민들의 사정도 대부분 연세 드신 분들이 영세 어업에 종사하고 있다. 또한 우리의 얼과 전통문화를 계승하고자 애쓰시는 분들이라, 아이들에게 예절 교육이라든지, 효·경 사상을 심어주려는 의도가 다분한 것 같다.

작년에 한자 자격시험에 모두 합격이 되어 나날이 늘어가는 자녀들의 한자 실력에 감탄하면서 올해엔 한자 지도에 심혈을 기울여 실력뿐만 아니라 더욱 예의 바르고 어른 공경을 실천하는 어린이가 되어 주기를 바라는 마음이 간절하시다는 것을 알고 있다.

하지만 1년 후의 한자 실력 수준이 각각 달라서 4명의 아이들에게 일일이 개인별·수준별 한자 지도가 절실하다는 것을 더욱 실감하게 되었다. 그리하여 맞춤형 교육을 할 수 있는 섬학교의 장점을 살려 저마다 한자의 꿈을 실현할 수 있도록 안내자·조력자의 역할에 충실하였다. 그리고 한자 익히기를 통해 우리의 얼과 전통문화를 계승하고 효·경 사상을 심어주었다. 특히 우리말 속에 사용되고 있는 한자어를 찾아보고 뜻도 익히게 하는데 심혈을 기울였다. 색다른 환경에서의 각오로 모두가 조개섬 앞바다의 푸른 물결처럼 몸도 마음도 푸르게 자랐으면 하는 간절한 바람이 있었다. 그리하여 저마다 한자의 꿈을 실현시키고 어르신들을 공경하는 마음을 몸소 체험하게 하였다. 해마다 5월이면 마을회관에서 직접 꽃도 달아드리고 어깨도 주물러 드렸던 것이다. 아이들의 재잘거림은 섬 어르신들의 희망이다. 네 알의 영롱한 진주들이 21C의 주인공으로서 제각기의 빛깔을 찾을 수 있을까? 모두가 아이들에게 쏟는 정성을 멀어져 가는 뱃고동 소리가 저 멀리 보이는 육지에 전하고 있다.

제4부

자신을 키우는 힘

자신을 키우는 힘

　세계 축구 무대에서 멋진 슛으로 대한민국을 알리는 축구선수 박지성을 모르는 사람은 아마 없을 것이다. 지금의 모습이 화려하고 모든 이들에게 선망의 대상이 된 그이다. 사람들은 한결같이 천재적인 소질을 타고난 사람이라고 입을 모은다. 하지만 그런 사람들의 생각이 무색할 정도로 교사들의 연수에서 사진으로 보았던 박지성 선수의 두 발바닥은 상처투성이였다. 또 축구선수로서는 도저히 감당하기 어려운 평발이었던 것이다.
　보통의 발로도 한계를 극복하고 유명한 선수가 되기까지는 어려움이 많았을 것이다. 그런 수많은 고통을 참고 견뎌낸 인간 승리의 표상임을 나는 뒤늦게야 알게 되었다. 그때 보았던 상처 난 발바닥 사진은 잊을 수 없는 감동으로 남아 있다. 지금도 게으름이 온몸을 감싸거나 참을 수 없는 고통으로 포기하고 싶을 때마다 나를 추스르는 한 장의 부적 같은 사진이다.

피겨스케이팅 여왕인 김연아 선수는 친구들과 함께할 시간도 없이 연습에만 몰두하였다고 한다. 박찬호 선수도 그 분야의 최고라며 기술만을 고집할 수도, 기본자세를 소홀히 할 수도 있었다. 하지만 매일 일정 시간 기본자세의 훈련을 반복한다고 하니 자신의 목표를 위해 얼마나 애쓰는지를 우리는 잘 알고 있을 것이다. 또 가야금 연주가 황병기 선생님도 끊임없이 일정 시간 연주를 계속하시면서 엄격한 자기 관리를 하셨다니 놀라지 않을 수 없다. 이처럼 각 분야에서 최고의 전문가는 자신에게 엄격하고 자신의 한계를 이겨내는 사람이다.

사람들은 극한 상황이 왔을 때 너무나 힘들어서 참아내는 것을 두려워한다. 경기 중 쉴 틈도 없이 달릴 때의 아픔과 주저앉고 싶은 마음일 때 그는 무슨 생각을 했을까? 그때마다 어떻게 극복했고 그를 지탱할 수 있었던 힘은 어디에서 나왔는지 궁금해진다.

이렇듯 기능을 요구하는 운동이나 악기를 다루는 일은 반복 연습 과정에서 게으름, 육체의 고통, 슬럼프를 자신과 싸우면서 이겨내야 한다. 오로지 자신만이 판단하고 결정하여 인내하는 일은 다른 사람이 대신할 수 없다. 모든 힘은 마음의 근력(힘) 즉 자신을 키우는 힘에서 나오는 것이라 했다. 여러 가지 유혹을 물리치는 힘뿐만 아니라, 여러 사람 앞에서나 어떤 상황에서도 헤쳐 나갈 수 있는 능력과 용기를 잃지 않는 마음가짐은 자신감이다. 어쩌면 자신을 소중히 여기고 사랑하는 마음, 그리하여 있는 그대로의 자신을 좋아하고 휘둘리지 않는 마음이 보태어져 자존감이라고 말해도 좋을 것 같다.

평소 인내심(참을성)에 대해 고민을 많이 하고 있었다. 문득 심리학자 워트 미셸의 참을성을 실험하는 '마시멜로 테스트'가 생각났다. 1차 실험에서는 '참을성의 여부를 타고난 성격의 소유자로 구분 지을 수도 있다'였지만 2, 3차 실험에서는 교사나 부모가 교육을 통해 유혹의 요소를 없애거나 신뢰를 형성하여 좋은 환경에서 참을성을 기르도록 할 수 있다는 것을 알게 되었다. 교사나 부모의 역할이 얼마나 중요한지를 말해 주고 있는 대목이다.

직장생활을 하면서도 엄마로서는 어리석은 판단을 했던 적이 더러 있다. 그리하여 늘 마음속에서 떨치지 못하는 자식들에 대한 미안함으로 가슴 한 켠이 아린다. 또한 교사이기에 학생들에게 더 좋은 환경을 만들어 주었는지 반성하고 기회 있을 때마다 부모 역할의 중요성을 강조하고 일깨워 주고 있다. 지난날에는 현명하지 못했고 자신을 키우는 힘이 부족했었던 나를 지금에야 인정한다.

출근길에 어려운 환경 속에서도 자기 소질 계발을 위해 애쓰는 화양 어린이들의 장한 모습을 보았다. 교통편이 좋지 않아 먼 길을 걸어서 학교에 와야 하는 불편함에도 불평하지 않는 친구들이었다. 학교 오가는 길에 자연의 느긋함을 배우고 있는 의젓함도 보였다. 학교에서 자신의 발전이 조금 더뎌도 언젠가는 해낼 수

직접 경험하는 일만큼 좋은 공부는 없다고들 한다.
그러나 직접 경험은 시간이나 장소에 제약이 많아
아직은 어려움이 따른다.
손쉬운 방법으로 학교의 도서실에서
호기심 많은 분야의 책부터 읽어 재미를 느끼자.

있다는 자신에 대한 긍정적인 힘을 보았던 것이다. 작고 더딘 걸음도 먼 길을 갈 수 있다는 신념으로 노력하는 성실함이 참 대견하다.

"우리에게 가진 최대의 도구이자 능력은 자기 자신이다."는 어느 교수의 말처럼 또 자신의 힘은 옳고 그름을 분별할 수 있는 능력에서 비롯된다는 것도 알려주고 싶다. 그렇더라도 제일 중요한 것은 즐겁게 뛰놀 수 있는 건강이 뒷받침되어야 한다는 것은 더욱 강조하고 싶은 대목이다.

우리 화양초 친구들은 건강하다고 믿기에 책을 많이 읽었으면 좋겠다. 직접 경험하는 일만큼 좋은 공부는 없다고들 한다. 그러나 직접 경험은 시간이나 장소에 제약이 많아 아직은 어려움이 따른다. 손쉬운 방법으로 학교의 도서실에서 호기심 많은 분야의 책부터 읽어 재미를 느끼자. 재미가 생기면 또 다른 책을 읽고 싶어지니까. 간접경험을 많이 하고 나면 생각의 범위가 넓어지고 올바른 판단력을 기를 수 있다. 또 남을 배려하는 마음도 생기게 될 것이다.

자, 이제부터 식물들이 자신의 힘을 어떻게 키우고 있는지 화단의 꽃들을 살펴보아라. 식물들이 자신만의 빛깔과 향기를 뽐내느라 정신이 없구나. 꽃을 피우기까지 얼마나 많은 수고로움이 있었을까? 또 얼마나 많은 도움을 받았을까? 겨우내 땅속에서 봄이 오기만을 기다리며 방해꾼들이 훼방을 놓아도 오직 싹 틔울 생각만으로 참고서 나왔던 떡잎이구나. 새싹은 무성하게 자라 어른이 되기 위해 남쪽 하늘의 태양 빛을 그리워하며 따라다녔겠지. 이 초록의 풀이 꽃을 피우기까지 사람이 물구나무를 서서 변화하는 만큼이나 보이지 않는 인내가 있었을 게다. 그렇게 만들어진 글자 꽃 화(花). 오늘도 어려움을 이겨내고 열심히 노력하는 화양어린이들에게 칭찬의 박수를 보낸다. 자신의 멋진 앞날을 그리는 친구들과도 마음이 통했는지 화단의 꽃잔디도 화사한 웃음으로 양지바른 꽃동산을 빛내고 있다.

사랑받기 위해 태어난 사람

김초롱 짝짝짝! 김초롱 짝짝짝! 김초롱 파이팅!

오늘도 1학년 교실에서 흘러나오는 짝짝짝 박수에 호기심 많은 초롱이의 입이 활짝 벌어집니다. 공손히 웃어른께 인사하는 초롱이의 모습은 보는 사람도 사뭇 진지할 정도로 엄숙하지요.

깐깐하게 간섭하고 세상일은 혼자 다 하는 양 매일 바빠서 안절부절못하던 시절이 있었지요. 자신을 낮춘다고 지나치리만큼 움츠렸던 그런 날들을 떠올리면 피식 웃음이 납니다. 그토록 여유 없던 시절 1학년 담임을 하면서 편견이 심한 한 아이의 습관을 고쳐보겠다며 열정을 보였습니다. 나름의 소신으로 일관성 있게 훈육했던 자신이었건만 세상일도 뜻대로 되지 않는데 하물며 변화무쌍한 한 아이의 행동을 단번에 고치기는 힘들었지요. 어쩌면 제삼자의 눈엔 교사의 또 다른 억지로 비치지는 않았는지 사뭇 미안함이 앞선답니다.

사람마다 교육관과 소신이 다르고 교육받는 대상과 그 대상자의 환경에 따라 변화가 있으므로 '어떤 방법이 옳다'라고 단정할 수는 없습니다. 그런데 해가 거듭됨에 따라 내게도 이것만은 꼭 취해야겠다는 고집이 생겼답니다. '누구든 자신을 긍정적으로 생각해야 한다는 것', '다소 모자람이 있더라도 언젠가는 좋아질 거라는 믿음', '나도 잘할 수 있다는 자신감'이지요. 그래서 화양초등학교 1학년에게 입학 때부터 '당신은 사랑받기 위해 태어난 사람, 짝짝짝 박수'라는 놀이를 지금까지 실천하고 있답니다.

줄넘기 재주가 뛰어난 신비는 사랑받기 위해 태어난 사람, 미술가의 상상력이 풍부해 그림을 잘 그리는 뚜비에게 짝짝짝 박수, 훌륭한 사업가가 되어 대한민국을 빛낼 해미에게는 손을 내밀면서 표정으로, 수학 계산은 내게 맡겨라 계산박사인 호성에겐 더욱 재미있게 짝짝짝 박수를 보냅니다.

시골 작은 학교에는 처리해야 할 업무량이 많아 버거울 때가 있습니다. 열 명의 꼬마들이 제각기의 개성을 분출할 때면 자신의 프로그램에 한계를 느끼며 더 좋은 방법을 찾으려 애쓰고 고뇌하게 되지요. 앞으로 교직생활을 그만둘 때까지 심사숙고를 거듭하고 고민하며 해결해야 할 문제가 아닐까요?

호기심 가득한 눈빛으로 과학박사가 될 유미는 한자도 잘해요. 공룡 세계를 상상해서 그리는 민재는 멋쟁이 발명가, 책을 열심히 읽는 희영이는 의학박사, 색감이 뛰어난 수인이는 훌륭한 화가, 헤어디자이너가 되어 이름 날릴 이수연을 생각합니다.

　봄에는 양지바른 곳에서 철쭉이 만개하고 여름엔 생태습지 속 어리연꽃이 자태를 뽐냅니다. 둥둥 떠 있는 마름은 물속 뿌리에 열매를 맺기 위해 아직도 할 일이 많습니다. 오늘도 1학년 교실에선 당신은 사랑받기 위해 태어난 사람, 짝짝짝 박수가 흘러나옵니다. 멀리서 주남저수지 하늘을 날고 있는 가창오리 떼들도 덩달아 신이 나는지 끼룩끼룩 응원합니다.

사랑과 정으로 여물어 가는
대방 수영부의 꿈

　실내 수영장 관람석에서 끝없이 자신과 싸우며 반복 연습하는 꼬마들의 눈빛을 보노라면 감독 교사로서의 자세가 너무 안일하지 않은가 하는 자책감이 들 때가 있다. 우리 삼천포 대방초등학교의 교기는 수영으로 학교 명예를 드높이는 데 많은 공헌을 한 종목이다. 학교 현관에 들어서면 당시의 영광을 말해 주듯 빛바랜 입상 트로피들이 진열대 안에 줄지어 서 있다. 우연인지 아니 어쩌면 필연인지도 모를 인연으로 우리 수영부와의 소중한 만남이 있기까지는 나에게 남모를 가슴앓이가 있었다.
　정확히 19년 전 1981년 3월 탁구 특기자로 통영(충무)시 소재 진남초등학교에 발령받아 햇병아리 교사로 있을 무렵이었다. 충무 탁구협회에서 지역 탁구를 살리자는 취지로 초등학교에 탁구부를 신설하였다. 꽤 먼 학교에서 지도교사가 항상 시내버스를 타고 아이들을 인솔하면서 단 한 명의 결석생도 없게 하였다. 훈련에 임하게 하는 나의 정성에 감동이 되었던지 지역 교육청 대표 학교로 선정이 되었었다. 황무지나 다름없는 땅을 개척한다는 것은 너무나 힘든 일이었다. 하지만 젊음이란 열정 하나로 겁 없이 시작한 초임 시절의 탁구부 지도였다.

관리 책임을 맡은 나는 코치를 영입하여 훈련을 했다. 4학년 여학생 중 각 반에서 학업성적이 우수한 학생 6명을 선수로 선발하여 훈련에 임하였다. 학교나 지역 교육청의 재정적 지원도 거의 없는 상황에서 코치를 불러들인다는 건 쉬운 일이 아니었다. 더구나 실적도 없는 학교에서 코치 수당이란 있을 수가 없어 안타까웠다. 신분이 불안정한 상태에서 임시방편으로 영입한 코치와 이끌어 줄 선배도 없는 학교에서 체계적인 훈련이 될 리가 만무하였다.

경기력 향상만을 위하여 학력이 우수한 아이들을 선발했던 것이 늘 마음에 걸렸다. 훈련으로 인한 학습 결손이 부진아로 되지는 않을까 언제나 조바심이 났다. 계속 선수들을 독려하고 학습에도 신경을 썼지만 한계를 느낄 수밖에 없었다. 희생이 따랐던 만큼 아이들이 경남 대표 선수로 선발되기를 바랐지만 2년간의 지극한 노력에도 불구하고 뜻을 이루지는 못했다. 그러나 결코 나의 희생은 헛되지 않았고, 신분이 확실하게 보장된 기능직 코치를 임용할 수 있도록 일조한 것이었다.

그 후 다시는 천사 같은 아이들을 희생시켜 교기 육성이라는 포장으로 죄를 짓는 일은 없어야겠다고 다짐했었다. 또한 다른 동료들이 나를 운동에 대해서는 전혀 문외한인 것처럼 여겨 주시기를 바라며 아쉬움을 뒤로한 채 그 학교를 떠나왔던 것이다.

수년의 세월이 흐른 어느 날 처음 부임지였던 그 학교 탁구부의 소식을 듣게 되었다. 경남에서 초등학교 여자 탁구의 명문으로 자리 잡아 경남도 대표팀으로 활약하고 있다는 사실이다.

나는 내심 기뻐하면서 어쩌면 그때의 소중한 경험과 자기 희생을 밑거름 삼아 내게 또 다른 기회가 주어진다면 '내가 할 수 있는 일이 과연 무엇일까?'를 생각하게 된 것이다.

그리하여 1999년 3월 2일 현 삼천포 대방초등학교에서 수영 담당 선배 교사의 도움과 나의 의지가 수영부 어린이들과의 만남으로 이어진 것이다. 아무리 교기 육성 학교라지만 학부모의 수영에 대한 인식은 턱없이 부족했다. 또 특기 적성교육에 대한 신뢰가 미흡하여 수영선수 선발에도 애로점이 많았다. 특히 재정 형편상 우리 학교 '학생 수영장'을 가동하지 못하여 먼 거리에 있는 수영장에서 훈련을 하게 되었다. 그 수영장은 차편을 이용해야 하는 불편이 있어 중도에 이탈자가 생기면, 감독 교사가 일일이 챙겨야 하는 번거로움이 생긴 것이다. 또한 수영선수로 선발된 아동들도 대부분 인내심이 부족하여 수영훈련을 기피하였다. 그리하여 중도에 선수 활동을 포기하는 경우가 생기면 이를 설득하

한 인간으로서 훈련의 힘든 과정이
자신과의 싸움이란 걸 알려주고 싶다.
그리하여 쉽게 좌절하거나 포기하지 않는
강인한 힘을 기를 수 있다는 걸 느끼게 할 것이다.
또 단체활동을 통하여
개인의 아집을 버리고 협동정신을 배우게 하여
자신의 역할이 얼마나 중요한가를 깨닫게 하고 싶다.

느라 애를 먹었다.

 이런 여러 가지 어려움을 이겨내고 꿋꿋하게 선수 활동을 계속하는 우리 선수들에게 과연 나는 감독교사로서 무엇을 해 줄 수 있을까? 재정적인 어려움 속에서도 항상 선수들에게 격려를 아끼지 않으시는 교장, 교감 선생님과 여러 선생님들, 물속에서 애쓰시는 코치님들이 참 고마웠다.

 용감한 형제 선수 어머니의 지원 활동은 잊을 수 없는 감동 그 자체다. 이런 지원으로 선수들은 힘을 얻어 자신의 의지로 고통을 이겨냈다. 땀의 대가가 있었기에 우리 수영부가 얇은 선수층으로도 초·중학교 경상남도 교육감기 수영대회에서 종합 3위에 입상하는 등 각종 대회에서 괄목할만한 성적을 거두어 주위를 놀라게 했다. 한편 선수들의 담임들께서도 학급 운영의 애로를 감수하면서, 아동들의 모자라는 교과 부분들을 보충해 주셨다. 담임 선생님들의 자상한 배려에 담당자로서 한없는 고마움을 느끼면서 자신에게 몇 가지의 다짐을 해 본다.

 이 아이들에게 선수는 물론 한 인간으로서 훈련의 힘든 과정이 자신과의 싸움이란 걸 알려주고 싶다. 그리하여 쉽게 좌절하거나 포기하지 않는 강인한 힘을 기를 수 있다는 걸 느끼게 할 것이다. 또 단체활동을 통하여 개인의 아집을 버리고 협동정신을 배우게 하여 자신의 역할이 얼마나 중요한가를 깨닫게 하고 싶다. 비록 학과 공부는 조금 뒤떨어지나 자신의 특기를 살려 긍정적인 자세로 이 세상을 살아갈 수 있는 자신감과 용기가 생겼으면 한다. 마지막으로 고된 훈련을 하여 힘들고 지칠 때 그들의 고통을 눈빛으로나마 맞추어 조금이라도 위로해 주고 싶다.

춥고 바람이 더욱 쌀쌀해진다. 행여 수영부 학생들이 감기 걸리지 않을까 걱정된다. 그리하여 또 수영부를 그만두지는 않을까 하는 조바심으로 마음이 무겁다. 나의 임무는 언제나 신입 수영 선수의 확보에 있다. 담임교사와 수영부 감독 교사로서의 책임감에 어깨가 무겁지만 어차피 가야 할 길이라면 희망차고 씩씩하게 걸어가야겠다.

오늘도 핸들을 쥔 손에 힘을 준다. 그래, 비록 끝없는 시련과 싸울지라도 대방초등학교 수영부의 앞날은 밝다고 자부하면서 희망을 노래하자.

저마다의 꿈을 캐는 조개섬 아이들

아름다운 삼천포항의 각산 봉화대에서 남해 앞바다를 내려다보면 드문드문 펼쳐진 크고 작은 섬들이 한눈에 들어온다. 혼자 걷고 싶어서, 때로는 생각을 정리하고 싶을 때 나는 때때로 산에 오른다. 2월의 공기는 꽤 싸늘하고 차갑다. 그냥 내려오려는데 유난히 작은 섬 한 곳에 내 시선이 머무는 게 아닌가. 앙증맞고 대합조개처럼 생긴 저 섬의 이름은 무엇일까? 의문이 꼬리를 물어 되묻지만 십수 년을 살아온 나로서도 알지 못하는 저곳엔…….

지난 3년간 교기 담당 교사로서 신입 수영 선수 확보에 열을 올렸고, 아동 인솔에도 최선을 다했었다. 특히 2001년도 전국 동아수영대회에서는 6학년 배영 선수가 1위를 하는 쾌거로, 교사로서의 특혜를 받아(특혜가 아니어도 전보 서열 1위였다.) 지금의 아름다운 조개섬〔蠶島〕에 발령을 받게 된 것이다.

  섬으로 부임하던 첫날 배 안에서 인정미 넘치며 시끌벅적한 섬사람들의 분위기가 정겨웠고, 카리스마 넘치는 선장님과 사무장님 부부의 몸에 배인 능숙함이 나를 어리둥절하게 했다.

  신수도, 늑도를 거쳐 신도에 도착하는 순간, 4명의 아이들이 나란히 서서 오시는 선생님들께 인사하는 모습이 너무나도 예뻤다. 오르막길을 5분 정도 걸어가면 조그만 교문이 나온다. 아이들은 운동장에 나란히 서서 태극기를 향해 경례를 하고 국기에 대한 맹세를 큰소리로 외운다. 나라 사랑을 실천하는 모습으로 이 섬 학교만의 독특한 풍경이다. 컨테이너 박스 건물 한 동엔 교무실과 억지로 만든 교실 2칸, 아래채에는 숙직실이 있다. 6학년과 1학년은 형제이고 2학년 2명, 총 남 3명 여 1명으로 4명이 이 학교의 전교생이다. 외부에서 보면 교육여건이 정말 좋다고 생각하여 학생들의 학력과 생활지도가 효율적으로 이루어질 것 같지만 꼭 그렇지만도 않다. 오죽하면 분교장님이 '이 선생, 아들을 이렇게 교육시킨다면 전교 1등을 하고도 남을 것이오.'라고 하셨을까. 오늘 가르치면 내일 잊어버리는 아이. 또 개성들은 얼마나 강한지.

  책임감으로 똘똘 뭉친 나는 아파도 쉬지 않았다. 정작 자기 자식 교육은 몸이 아프다는 핑계로 소홀히 하면서. 농사는 1년을 망쳐도 다시 지을 수 있지만 자식 교육은 한평생을 두고 후회한다는 것을 알면서도 철의 여인이 아닌 다음에야 두 가지를 다할 수는 없었다. 어쩌면 내 자식들은 교사인 엄마로 인해 혜택을 받기

보다 희생을 당했던 일들이 더 많은 것 같아 참 미안하고 가슴이 먹먹할 때가 있다. 그래도 학교에 가면 손을 놓을 수는 없었다. 이 낙후된 여건에서 교사가 가진 특기를 발휘하여 아이들에게 능력을 키워주고 이 학교를 떠나야 하는 일이 내 숙명이기에 애써 내가 가진 재주를 찾아보았다.

우리글과 말을 정확하게 익히려면 먼저 우리말 속에 있는 한자어를 알아야 하니 흥미와 관심을 가질 수 있도록 쉬운 한자부터 익힐 수 있게 도와주면서 저마다의 꿈을 찾게 했던 것이다.

아이들이 쓴 한자 학습지를 보면서 20여 년 전의 일을 떠올리며 인성·한자 교육을 통해 개선점을 생각해 보면 부족한 점을 많이 발견한다. 특히 어린이들은 하얀 도화지에다 색깔을 칠하면 그대로 스며드는 것처럼 가르치는 사람은 정확하게 가르쳐야 한다. 교육과정 외의 분야를 가르칠 때 매우 조심스러웠다. 한자를 가르칠 때는 그냥 읽고 쓰라고 하기보다 그림 자료를 활용한다든지 글자를 파자한 부수나 자소(字素)를 활용하여 가르치는 것이 흥미도 유발하고 효율성도 높다고 본다.

근래 2년간 전교생을 대상으로 인성·한자 교육을 하면서 섬에서 아이들을 가르쳤을 때의 오류를 발견하고는 수정할 수 없음이 못내 아쉬웠다. 딛는 발걸음에 혼란을 가져와서는 안 되겠다는 각오로 다시 한자 그림 자료를 정리하고 있다.

* 2002년 6월의 글을 읽고 회상하면서 쓰다.

가슴 시린 사연과
자존감 교육

 교정에는 가을 햇살에 취한 온갖 식물들이 저마다의 개성(個性)을 뽐내고 있다. 금목서는 운동장에서 뛰노는 아이들에게 특유의 꽃향기로 자신의 존재를 드러내고, 옆의 남천은 보란 듯이 익어 가는 열매를 자랑한다. 어느 뉘라서 현재의 꽃향기와 열매 중 이들의 가치를 함부로 비교할 수 있겠는가! 또한 이 우주 공간 어디엔들 소중하지 않은 생명체가 있으랴. 모두가 자신만의 보물을 지닌 가치 있는 생명체들이다. 물끄러미 남천의 열매를 바라보다 뇌리 속을 스치는 장면을 생각하며 고민하고 있었다.
 한자 · 인성부 시간에 한 아이가 했던 말이 떠올랐던 것이다. 아주 당당하게 "저는 아주 불쌍한 아이에요." "왜 불쌍하지?" "엄마가 없으니까요." "그러면 엄마가 안 계시면 참 불편하고 많이 생각나겠구나. 그렇지만 불쌍한 건 아니란다." "왜요?" "스스로 밥을 챙겨 먹을 수도 있고, 하고 싶은 운동과 공부도 맘껏 할 수 있으니 불쌍한 건 아니란다. 정말로 불쌍한 건 해서는 안 될 행동과 해야 할 행동을 분간하지 못할 때지. 또 자신에게 주어진 시간을 헛되게 보내고 부정적인 생각에 갇혀 자신의 할 일을 하지 않는 사람이 진짜 불쌍한 사람이 아닐까?

또 한번은 청소를 하시는 여사님께 아주 적은 성의를 표시했는데 느닷없이 "저같이 천한 사람한테 이런 선물을 주셔요?" 너무나 당황했지만 차분히 "여사님이 왜 천합니까? 거짓말을 하여 남을 속인 것도 아니고, 도둑질을 한 것도 아니지 않습니까. 오히려 더러운 곳을 청소해 주시고, 저희들이 해야 할 몫까지 대신해 주십니다. 모두가 고마워해야 할 소중한 분이시지요."

어떤 말로도 대신할 수 없었다. 나는 자존감을 되찾게 할 수 있는 적절한 말이 생각나지 않았던 것이다. 누가 한창 세상을 향한 호기심으로 순수하게 자라야 할 아이에게 부정의 씨앗을 심었을까? 또 어른으로 당당하게 사셔야 할 분인데 이토록 잔인한 부정의 씨앗이 박혀 있을까? 아니면 스스로 부정의 틀에 갇혀 즐기면서 헤쳐 나오지 못하는 것처럼 보이는 것일까?

정성 성(誠)자의 한자가 떠오른다. 자신에게 건 주문처럼 말(씀)대로 이루어진다. 한자 속에 숨은 묘한 비밀을 이 아이와 여사님은 알고 있을까?

금목서의 향기가 나의 할 일을 알려 주려는 듯 코를 더욱 자극

정말로 불쌍한 건
해서는 안 될 행동과 해야 할 행동을
분간하지 못할 때지.
또 자신에게 주어진 시간을 헛되게 보내고
부정적인 생각에 갇혀
자신의 할 일을 하지 않는 사람이
진짜 불쌍한 사람이 아닐까?

한다. 만약 내가 이 금목서의 향기와 한자를 연결하여 해답을 찾을 수만 있다면 얼마나 가슴 벅찬 일일까. 꽃의 향기를 떠올리며 한자 尊(존)을 생각해 보았다.

존(尊)이란 글자는 여덟 팔(八-흘러퍼지다, 버리다 등)과 유(酉-술, 술을 담는 그릇)와 촌(寸 마디, 손 등을 뜻함)으로 이루어져 있음을 알 수 있다. 향기로운(귀한-八-흘러 퍼지다) 술을 손으로 떠받치고 있는 모습, 즉 '아주 귀하게 여기다' '높이 받들다'로 풀이할 수 있을 것이다.

자존감이란 '이 세상에 존재한다는 이유만으로도 가치가 있다는 것' '있는 그대로의 나를 귀하게 여길 줄 아는 마음' 등 여러 가지로 해석할 수 있지 않을까? 부정의 씨앗보다 긍정이 먼저인 삶은 어른보다도 어린이에게 더 절실하다는 걸 느낀다. 1년간 5학년 13명과 환경동아리를 만들어 아주 특별한 체험을 하게 하였다. 또 식물과 관련된 한자도 가르치면서 인성교육을 하고 있다. 나는 아직도 자존감 교육의 확실한 답을 찾지 못하고 지금도 열심히 찾고 있는 중이다. 그러나 어려움 속에서도 자신의 힘을 키워 자신감이 생길 때 자존감이 생기지 않을까? 지푸라기라도 잡는 심정이다. 가슴 시린 사연이 더 이상 우리 주변에 없었으면 좋겠다. 교육자의 막중한 임무는 교직을 떠나는 순간까지도 내려놓기가 쉽지 않을 것 같다.

꿈을 이루기 위한
좋은 습관

　2017학년도 상반기 우암초등학교 어린이들의 꿈 프로젝트 발표회를 보았습니다. 학년마다 자신의 꿈을 이루기 위해 끊임없이 노력하는 모습들이 장면마다 감동적이고 때로는 웃음을 자아내게도 합니다. 모두가 꿈을 이루려는 마음가짐과 좋은 습관이 생활화된 결과라고 볼 수 있겠지요.

　습관(習慣)을 사전에서 찾아보면 '어떤 행위를 오랫동안 되풀이하는 과정에서 저절로 익혀진 행동 방식'으로 풀이하고 있습니다. 오랫동안 되풀이해 익히는 과정에서 습(習)이란 한자를, 저절로 익숙해진 행동 방식에서 관(慣)이란 한자를 떠올릴 수 있답니다.

　어린 새가 스스로 쉼 없이 날갯짓을 합니다. 겨드랑이의 깃털이 하얗게 될 때까지, 맨살이 드러나도록 연습을 했겠지요. 어떤 일을 할 때 사람들은 끊임없이 움직입니다. 그 움직임에 한 곳을 꿰뚫는 집중력까지 더해져 행동으로 나타나는 것이 습관이라고 할 수 있습니다. 그래서 습관이란 마음을 한군데 집중하여 궁수(활을 쏘는 사람)가 과녁을 꿰뚫을 때까지 반복한다는 뜻도 담겨 있지요. 사람들이 생활하면서 모두가 신중히 생각해야 할 필요가 있는 단어랍니다.

여러분! 좋은 습관을 지니려면 어떻게 해야 할까요?

아기가 걸음마를 배울 때 완벽한 한 걸음을 떼기 위해서는 셀 수 없이 많은 연습이 필요하다고 합니다. 또 세계 정상의 유명한 선수들도 필요한 기본기를 닦기 위해 반복훈련을 해야만 되겠지요. 오직 한 곳을 꿰뚫는 궁수의 마음으로 꼭 거쳐야만 하는 단계였을 것입니다.

이렇듯 장애물을 헤치고 목표를 이룬 사람들에겐 자신만의 좋은 습관이 있지 않을까요? 우리 친구들도 좋은 습관을 갖기 위한 방법을 생각해 봅시다. 옆에서 ○○이 "책을 많이 읽어야 해요"라고 귀띔해 줍니다. "아하! 그렇구나" 하고 선생님들도 맞장구를 치지요. "저는 닮고 싶은 위인이 있어요" "담임 선생님이나 교장 선생님의 훈화 속에서도 있지 않을까요?" 저도 한마디 보태었습니다. 주고받는 말들 속에 시골 학교의 전경이 떠오릅니다. 살갑게 지내는 모습들과 오가는 대화들이 참 정겹습니다. 어떻게 하면 좋은 습관을 갖게 될지는 여러분들의 굳은 마음에 달렸지요.

세상에는 쉽고 편한 길을 가라고 유혹하는 일들이 참 많습니다.

그러나 우리의 마음은 늘 유혹에 넘어가려는 마음과 자신을 올바른 길로 인도하려는 마음이 서로 다투고 있지요. 어느 쪽을 선택할지는 오직 자신만이 알고 있습니다. 편하고 쉬운 길만 가려는 마음이 나를 지배할 때도 있을 것입니다. 그런 순간이 오면 걸음마를 배우기 위해 수없이 반복 연습했던 어린 시절을 떠올려 보세요. 그러면 올바른 선택을 할 수 있는 용기가 생길 것입니다.

아침에 더 자고 싶어서 지각할 뻔한 날들이 살짝 스칩니다. 매일 가벼운 마음으로 교문을 들어서는 자신이 놀랍도록 자랑스러웠을 것입니다. 컴퓨터 게임을 하고 싶은 것도 참고 도서실에서 책을 읽었지요. 직접 그림책을 만들었던 순간을 생각해 보세요. 위인전을 읽고 그분이 살았던 시대를 상상하는 기쁨은 말로 표현할 수 없는 순간이었을 겁니다. 우리들의 얼굴에는 실천했다는 뿌듯함이 웃음으로 번지겠지요. 선생님들에 대한 고마움과 부모님의 보살핌을 알게 되어 하루하루가 즐거울 것입니다.

오늘도 학교 뜰에 피어 있는 꽃잔디의 미소가 참 아름답습니다. 수수꽃다리와 자목련도 뒤질세라 은은한 향기로 우리들을 응원합니다.

나라와 겨레 위한 몸

"나라와 겨레 위해 목숨을 바치니 그 정성 영원히 조국을 지키네……."

6월이면 교실마다 울려 퍼지는 현충일 노래가 더욱 숙연하게 들립니다. 오직 하나뿐인 목숨이기에 더욱 소중하고 귀하지요. 소중한 목숨을 바친 조국의 영령들은 지금 무슨 생각을 하고 있을까요? 보이지 않는 세상에서 어떤 심정으로 이 나라의 어린이들을 지켜보고 계실까요? 우리나라의 역사를 한 번 살펴봅시다.

우리 민족은 긴 역사와 전통 속에서 수많은 전란(戰亂)을 겪었습니다. 또 일제 강점기를 거치며 수많은 압박 속에서도 민족의 자긍심을 버리지 않고 끝까지 지킨 대단한 민족입니다.

여러분, 이 세상에서 아무런 힘도 들이지 않고 얻어지는 일들이 있을까요? 또 스스로 하려는 의지가 없는 사람에게 쉽게 할 수 있도록 도움을 주는 사람이 있을까요?

　세계에서 참으로 알 수 없는 많은 일들이 일어납니다. 늘 변하고 있지요. 엄청나게 많은 대가와 희생이 따랐습니다. 책을 통해 배운 일제 강점기를 생각해 보십시오. 직접 독립운동을 하거나 자신의 많은 재산을 독립자금으로 내놓았던 그분들의 희생을 우리는 반드시 알아야 합니다. 목숨은 오직 하나뿐이기에 다시 살아날 수 없답니다. 그리고 목숨과 돈이 아깝지 않은 사람이 있을까요? 자신을 위해 쓰지 않고 나라를 위해 모두를 위해 위험한 줄 알면서도 흔쾌히 내놓았다는 사실은 고귀한 일입니다. 총칼이 무서웠을 것입니다. 돈이 아까웠을 것입니다. 그래도 용기를 내어 희생한 그 정신은 후손들이 길이길이 되새겨 전해야 할 일입니다. 또 일어나서는 안 될 무서운 전쟁이 있었습니다.

　1950년 6월 25일 새벽, 대한민국에는 무서운 전쟁이 일어났습니다. 지금은 너무 오래되어 우리들의 기억에서조차 사라지고 있는 일이지요. 그러나 우리 할머니 할아버지들은 그날을 생생하게 기억하고 계십니다. 전쟁의 무서움과 배고픔에 또 부모를 잃은 아이들은 부모를 찾으며 울부짖었다고 합니다. 부서진 건물 더미 속에서 두려움에 떨어야만 했던 그 시절의 영상을 보았습니다. 지금도 선생님의 고향 마을엔 갓데미(Goddam)라는 산이 있습니다. 전쟁이 아주 치열했던 당시 우리 군인들이 너무 많이 죽었답니다. 그래서 미군들이 후퇴하면서 붙여준 '신이 저주한 산'이라고 부른답니다. 전쟁 후에는 아이들이 산에 소 먹이러 갔다가 총알인 줄 모르고 돌멩이로 부수다가 터지는 바람에 모여 있던 아이들이 모두 죽었다는 이야기도 하셨습니다. 어른들에게서 듣던 전쟁 이야기, 피난 간 이야기 등은 실감이 잘 나지 않습니다. 거짓말 같은 이야기들은 두 동강 난 우리나라 현실을 잘 말해 주고 있지요.

대한민국 정부에서는 나라를 위해 목숨을 바친 분들을 기리기 위해 6월을 호국 보훈의 달, 그리고 6월 6일은 현충일로 정했습니다. 너무나 슬프고 엄숙한 날이라서 현충일에는 조기를 답니다. 국경일과는 달리 기폭만큼 내려서 그날의 뜻을 기리고 있지요. 어린이 여러분, 우리 조상님들의 많은 희생과 지금 대한민국이 있기까지 희생한 분들을 떠올려 보십시오. 지금도 나라를 위해 봉사하다 희생한 분들이 많습니다.

하고 싶은 공부도 맘껏 할 수 있고 친구들과 뛰놀 수 있는 우리들은 참 다행이라는 생각이 듭니다. 그런 우리들도 보답할 수 있는 마음가짐이 있어야겠지요. 과연 나는 현충일에 조기를 달았는지 자신에게 물어봅시다. 국경일이나 기념일에는 먼저 태극기를 달고 나라의 소중함을 생각해 보았나요? 국기를 달지 않은 사람들에게 이유를 물어보면 많은 대답이 나옵니다.

'집에 태극기가 없어서, 대문에 달 곳이 없어서, 늦게 일어났기 때문에 등등…'

그러나 이제부터는 마음가짐이 달라져야 합니다. 나라 위해 희생을 아끼지 않았던 영령들의 후손답게 나라를 위한 일이 무엇인지를 알고 실천해 봅시다. 국경일이나 기념일에는 꼭 국기를 달도록 하세요. 또 아픈 지구를 생각하며 쓰레기를 분리수거하는 일에 앞장섰으면 좋겠습니다. 집에서나 학교에서 아껴 쓰는 일에 모범을 보이고 모두에게 이로운 일을 몸소 실천하는 어린이가 되도록 하세요. 선생님은 여러분을 굳게 믿습니다.

제5부

효(孝), 그 위대함이여!

효(孝), 그 위대함이여!
―공부는 끝이 없어라

책상 서랍을 정리하다 우연히 효 사진 공모전에서 탈락한 엄마 팔순 잔치 때의 사진을 발견하게 되었다. 지긋이 감은 엄마의 두 눈에 아른거리는 아버지의 모습은 편안해 보였을까? 눈물이 앞을 가려 다정한 아버지의 모습은 초점이 제대로 잡혔는지 궁금할 따름이다. 원본을 찾을 수 없어 아마 공모 자격 미달로 탈락이었을 거라 위로하며 간직해 둔 사진들이다.

"아버지, 당신은 다시 온다는 기약 없이 (하략)"

막내 여동생의 시 〈빈자리〉에 나오는 구절이다. 늘그막에 시낭송대회에 참가하고자 쓰면서 외우고 있는 장면은 평생학습의 본보기로 삼아도 좋을 만큼 진지하다. 늘 구부러진 허리로 일만 하시는 엄마가 안쓰러워 며칠 전 함안 아라문화제 시낭송대회에 참가 신청서를 제출했던 것이다. 아버지와 함께한 세월을 회상하며 시 〈빈자리〉를 쓰고 외우느라 눈동자를 이리저리 굴리고 계신 중이다. 보기 좋게 쓴 큰 글씨는 같이 사는 장남의 몫이었다. 동생이 아버지께서 병환으로 계실 때 모셨던 추억을 떠올리며 썼던 시였다. 엄마의 심중을 대변하는 시였던지 엄마가 흡족해하시며 매일 베껴 쓰고 음미하면서 외우고 계셨던 것이다.

　엄마는 아버지의 병원생활이 길어질수록 자식들을 힘들게 할까 봐 참 모질게도 대하셨지만 한평생 부부로 사신 정을 어찌 잊을 수 있으리오. 또 동생의 시(詩)집에 어머니의 말을 글로 적은 〈푸념〉이란 시가 나온다. 농사를 짓는 늙은 부모님이 자식들을 걱정하시면서 애태우는 장면이다. 찾아가고 싶어도 때를 놓칠 수 없는 마늘 농사에 갈등하는 마음이 잘 나타난 시다. 막내는 다른 문인들과는 달리 시집《가슴에 달 하나는 품고 살아야지》출판기념회 때 시어머니와 친정어머니께 시 한 편씩을 낭송하시도록 두 분을 모셨고 반응도 남달랐다. 그때 친정엄마의 시낭송을 들으며 좌석에 앉아 계신 손님들은 눈물을 훔쳤다. 모두에게 어머니를 떠올리게 하는 심금을 울렸던 작품이기도 하다.

　요즘 엄마는 혹시나 외운 구절이 생각나지 않을까 봐 공부하신다며 시 〈빈자리〉를 또박또박 적는다. 공책을 받치고 있는 갈라진 손등, 연필을 꼬옥 쥔 손은 가족을 위해 헌신한 문신 같은 표식이다. 세월의 흔적이 엄마의 어느 한 곳엔들 비껴갈 수 있었을까. 엄마는 한여름 뙤약볕에서 모심기를 끝내고도 다음 날 믿기지 않

요즘 엄마는 혹시나 외운 구절이
생각나지 않을까 봐 공부하신다며
시 〈빈자리〉를 또박또박 적는다.
공책을 받치고 있는 갈라진 손등,
연필을 꼬옥 쥔 손은
가족을 위해 헌신한 문신 같은 표식이다.
세월의 흔적이 엄마의 어느 한 곳엔들
비껴갈 수 있었을까.

을 정도의 하얀 피부를 가진 고운 분이셨다. 어쩌다 마주하는 친척분들의 추억담은 우리들의 가슴을 더욱 아프게 한다. "엄마 시 한 번 외워 보세요" "내가 할 줄 아나"로 말문이 트이면 작가 자신도 외우지 못한 긴 시를 한꺼번에 네 편을 다 외우실 정도로 기억력이 좋다. 우리들은 엄마의 치매 걱정은 안 해도 되겠다며 웃는다. 한 치 앞도 내다보지 못하는 인생을 어찌 장담할 수 있겠냐만 자식들의 바람이다.

대회 전날 쏟아진 비가 당일도 계속해서 내렸다. 장남이 엄마를 모시고 먼저 대회장소에 가고 동생과 나는 대회 시각에 맞춰 갔다. 각 지역에서 온 참가생들이 낭송을 끝내고 차례가 되자 엄마는 용감하게 시작 전 청중들 앞에서 짧은 인사를 했다. 의아해하며 물어보니 남동생이 지난밤에 넌지시 제안한 내용이란다. 어디서 이런 기발한 생각을 했을꼬. 주책이라고도 말할 수 있겠다. 이 악천후에 오신 분들에 대한 격식의 인사를 엄마가 대신한 셈이다. 엄마는 무대 체질인가 보다. 평소의 모습과 달리 한복을 곱게 차려입은 엄마는 용감하게 떨지도 않고 시를 막힘없이 낭송하셨다.

아주 자연스러운 엄마의 낭송을 옆에서 지켜보던 학원장(?)님은 원생들에게 들려줄 거라며 녹음까지 해갔다. 팔순 노모의 용기를 칭찬함이었는지 특별상을 주셨다. 시상식이 끝나고 수상자끼리의 기념 촬영에서 가운데 서 계신 친정엄마의 모습은 삶의 고뇌를 승화시킨 이 시대의 자랑스러운 어머니상이라 생각되어 더욱 위대해 보였다.

때때로 나는 엄마에게 동생들의 소식을 전한다. 엄마, 희야가 《꿈을 다리다》 수필집을 냈는데 엄마 이야기가 많이 나오더라. 수야는 시집 《아름다운 나날》, 옴마, 또 신남이는 세 번째 시집도 냈습니다. 문인 딸들을 셋씩이나 두신 조순자 여사님~ 하고 장난기 섞인 전화를 걸면 허허허허 웃으시며 기분 좋아하신다.

아픈 곳이 많아질수록 빗발치는 자식들의 전화에도 엄마는 걱정하지 말라신다. "너거만 편하모 괘안타"로 일축하시곤 자식 걱정을 입에 달고 사신다. 그래도 낯선 곳을 동경하며, 사람들과의 소통이 좋아서 새로운 곳에서의 여행을 포기하지 않으신다. 자식들도 챙기지 못한 일들을 함께 여행하시면서 챙겨주시는 분들이 그저 고맙기만 하다.

2023년 새해 첫날 여명이 밝아올 때 아버지 산소를 방문한 막내 남동생이 엄마를 찾아갔다. 딸들이, 장남이 아무리 엄마를 챙겨도 막내의 목소리를 더 기다리신다. 막내를 생각하는 애잔함은 저승길도 막는다는 옛말이 있다. 어릴 적 먹을 것이 없어 제대로 챙기지 못했던 가슴 시린 이야기를 꺼내며 "지금은 울매나 세월이 좋노, 먹기 싫어서 못 묵지. 너거 어릴 때는……" 말끝을 흐리셨다.

자식들이 어느 정도 여유가 생겨 엄마를 챙길 만하니 엄마의 몸이 여기저기 탈이 나기 시작했다. 한동안 설사로 고생하시다가 조금 낫고 나면 엉덩이에 덧난 곳이 멍울지는 일들이 반복되어

육류는 못 드신다. 가끔 합천 한우식육점에서 맛있게 드시던 모습은 이제 추억 속에 넘겨야 할 장면이 되었다. 저혈당으로 응급상황이 생겨 엄마가 병원에 입원하셨다. 약의 가짓수가 점점 늘어나고 굽어진 허리는 펴질 줄을 모른다. 어느 부모님인들 편안하셨으랴만 드시는 것에서라도 자유롭기만을 바랄 뿐이다.

  날이 갈수록 머릿속에 맴도는 문구, 樹欲靜而 風不止(수욕정이 풍부지-나무가 고요하고자 하나 바람이 그치지 아니하고)하고 子欲養而 親不待(자욕양이 친부대-자식이 부모님을 봉양하고자 하나 기다려 주지 않더라)라. 바람이 세차게 분다. 과학자들은 지구가 태양으로부터 멀어지는 아펠리온 현상으로 매서운 추위는 계속될 거라고 한다. 아직도 옛집에서 추운 겨울을 보내시는 엄마가 가슴이 시리도록 안쓰럽다.

한숨까지 태운 보물
—미련은 무덤까지

 누구나 단 3초 만에 눈가를 젖게 하는 단어를 떠올린다면 '어머니'가 아닐까? 우리들의 마음까지도 적시고 있는 모두의 어머니를 생각하며 삶의 편린들을 펼쳐 보인다.
 투 띠띠디딕…… 고향 냇가 다리 밑에서 오일장 어물전 엄마의 보물단지들이 타고 있는 소리이다. 비린 생선 고무대야에는 엄마의 청춘이 타고 있다. 소쿠리의 한숨이 공중으로 흩어지더니 온 하늘을 가렸다. 애간장을 녹였던 생선 상자와 함께 엄마의 영혼이 타들어 가는 중이다. 매캐한 냄새와 함께 사라져 가는 엄마의 분신들을 보면서 나는 동생들의 어릴 적 일들을 하나하나 꺼내고 있다.
 엄마는 돌아누워 훌쩍이는 셋째에게

"내가 고무대야를 이고서라도 니 대학 공부는 꼭 시키주께."

30여 년 전 여름, 대학 1학년이던 셋째가 맹장 수술을 했었다. 그나마 겨우 대학 공부를 시작하려는데 병원장님이 후배라고 특별 수술을 한 것이 화근이었다. 꿰맨 자리가 덧나서 다시 입원을 했던 것이다. 셋째는 가뜩이나 어려운 살림에 공부하는 중2·3, 고1 학년인 동생들을 걱정하면서 가슴 졸이고 있었다. 그래서 무사히 대학을 마칠까 걱정스러워서 눈물을 흘리는 동생에게 엄마의 비장한 각오를 보이셨던 것이다.

우리는 네 명이 연년생이고, 10년 동안 육 남매로 엄마 아버지와 여덟 식구가 오순도순 살았다. 잔정이 많은 아버지는 우리들에게 넘치는 사랑을 베푸셨고, 순박하고 거짓을 모르는 엄마는 자식들에게 행동으로 정직을 가르치셨다.

분가하실 때 별로 가진 재산도 없고 아버지 형제들은 공부도 많이 하여 유식한 분들이셨지만 아버지는 초등학교도 졸업하지 않아 글자를 제대로 알지 못했다. 항상 답답함을 호소하며 자식들만큼은 빚을 내서라도 공부를 시켜야 한다는 각오로 사셨다. 자식들을 공부시키자니 아버지는 한평생 쉴 틈 없이 일만 하셨다. 시간을 철저히 지키셨고 일을 처리하는 방법을 알고 효율적으로 처리하셨다. 정리 정돈은 어찌 그리도 잘하셨던지 닮지 않은 자신이 조금은 아쉽다. 농한기나 조금 한가한 시기가 되면 아버지는 늘 가마니를 짜서 팔아 우리들 학비를 대고 살림을 꾸려 가셨다. 가마니를 짜려면 할 일이 많아 모두가 제 역할이 있었다. 아버지는 가마니를 짜고 장남은 새끼 꼬고 엄마는 짚을 잡고 나와 셋째는 울매로(짚을 부드럽게 하는 나무 망치) 짚을 돌아가면서 두드렸다. 또 넷째 다섯째는 가마니를 낫으로 자르고 막내(3~4살)는 팬티만 입은 채 가마니가 움직이지 않도록 밟는 일이다. 그래서 우스갯소리로

"엄마 아~를 여섯 명이나 낳길 잘했네."

70년대 농촌 생활이 다들 가난했다지만 당시 나는 우리 집만큼 가난한 집이 또 있을까? 라고 생각했었다. 그래서 막내 남동생이 중학교에 갈 때면 사립중학교지만 셋이 한꺼번에 1, 2, 3학년으로 재학하게 되면 1명은 공납금 면제가 될지도 모른다는 엉뚱한 생각을 했다. 그리하여 부모님께 막내를 한 살 빨리 입학시키라고 제안을 했던 것이다. 지금도 그때를 생각하며 동생들이 말한다. 지겹도록 들었던 1, 2, 3이라고. 넷째가 초등학교(그때는 국민학교) 3학년 때부터 고등학교 3학년 때까지 1, 2, 3이라고 하며 원망 섞인 소리로 말한 적도 있었다.

우리들은 면소재지에 있는 같은 고등학교를 나와 모두가 선후배 관계였지만 웃을 수만은 없는 기억이다.

일도 많았고, 때론 돈이 없어 공납금이 밀려 불편한 적도 있었다. 군것질이 하고 싶어 남은 돈으로 군것질하여 아버지께 야단을 듣기도 했다. 연년생끼리 싸우고 소란을 피워도 우리들은 별 탈 없이 잘 자랐다.

그런 우리 집이었지만 항상 걱정거리가 끊이질 않았다. 내가 고

등학교 2학년 때 아버지는 목이 잠기는 일이 잦았다. 후두암 판정을 받았고 성대를 잘라내지 않으면 기도를 막아 숨을 쉬지 못한다고 했다. 성대를 잘라내면 말을 할 수가 없었고 어린 자식들을 건사할 걱정으로 수술은 엄두를 내지 못하였다. 기도에 암 덩어리가 자라나서 숨을 쉬지 못하면 마취도 안 하고 수술을 16번이나 하셨다. 옆에서 숨죽여 지켜보셨던 엄마의 한숨은 나날이 늘어만 갔다. 응급실에서 응급처치 중 피가 분수처럼 솟구쳐 천장에 닿는 걸 보고 기절을 하셨던 엄마였다. 결국은 성대를 잘라내는 수술을 할 수밖에 없었고 목소리를 잃으셨다.

평소 아버지의 노래 솜씨와 끼는 정말 타고나신 것 같았다. 그런 목소리를 잃었으니 술로 세월을 보내셨고 어머니의 한숨은 말로 표현할 수 없었다. 장남은 군에 가서 심장에 병이 발견되어 훈련 도중 집으로 돌아왔다. 또 대수술을 받아서 엄마는 자식을 잃을까 봐 가슴 졸이며 사셨다. 겨우 그 세월을 넘겼나 싶었는데 이제 또 셋째가 수술을 받았으니 그 심정이야 오죽하리오.

그렇게 시작된 엄마의 장사는 30년 세월을 청춘과 한숨으로 애간장을 녹이며 함께해 왔던 것이다. 이제 다리 밑에서 자신의 분신과도 같은 보물들을 말릴 새도 없이 자식들이 막무가내로 태우고 있다니 어이하리오.

원래 엄마는 남 앞에서 큰 소리로 말도 잘할 줄 몰랐다. 오직 집과 들에서 일밖에 모르는 너무도 순박한 사람이었다. 그런 엄마가 직접 생활 전선에 뛰어든 것이다.

처음에는 머리에 생선 고무대야를 이고 십 리, 이십 리 길을 걸어다니면서 집집마다 팔러 다니셨다. 점심을 굶어 배가 고파 허리가 접혀 바로 펴지도 못한 채 장사하신 적이 한두 번이 아니었다. 목이 빠질 정도로 아픈 그 무거운 짐들을 어떻게 머리로 버텨낼 수 있었을까. 힘센 장골이 들어도 팔이 아픈 고무대야를 이고 장사를 했던 세월이 떠올라 눈물이 앞을 가려 글자가 흐릿하다.

당시는 시골에서 오일장이 설 때면 버스가 엄청나게 붐빈다. 하루에 아침, 저녁 두 번밖에 없는 시골 버스, 그래서 학생들 통학 버스로도 이용되었다. 동생들은 모두 면 소재지 고등학교에 다녔기 때문에 집으로 올 때는 시골 버스를 이용할 때가 많았다. 꿈 많던 여고 시절, 사춘기 때 엄마가 고무대야를 이고 생선 냄새를 풍기며 버스 안으로 들어올 때면 피했다고 한다. 큰 소리로 이름을 부를 때면 그런 엄마가 원망스러웠다고 한다. 어쩌다 동생들이 뒷좌석에 앉아 있을 때 엄마가 무거운 고무대야를 들고 힘겨워하는 모습으로 버스에 올라탈 때도 엄마가 부르면 친구들에게 들킬까 봐 끝까지 못 본 척했다고 한다. 집에까지 온 후로 엄마에게 정말 미안했던 적이 한두 번이 아니었다고 가족들이 모일 때면 이야기를 꺼낸다. 고등학교 국어시간에 배운 〈한 눈 없는 어머니〉 내용이 생각난다. 한 눈 없는 어머니의 외모가 부끄러워 두 눈을 다 그려달라고 부탁했다는 작가의 말.

하루는 이른 새벽 마산 어시장에서 생선을 사서 머리에 이고 슈퍼마켓을 지나는데 앞에 만 원짜리 뭉칫돈이 있었다고 한다. 그

돈을 보는 순간,

"아이고 이 돈을 잃어버린 사람은 얼매나 애간장이 녹을꼬. 이런 돈을 주우모 천벌을 받아 자식들한테 해가 갈낀데……."

새벽 기차를 놓치면 장사에 지장이 생기니 어쩔 수 없이 문을 겨우 열어 발로 돈뭉치를 가리키면서 주인을 보고 사정하듯이 말했다고 한다.

"우짜든지 이 돈 주인 좀 찾아 주이소, 나는 빨리 기차 타로 가야 합니더. 꼭 주인 찾아 주이소."

아무리 바빠도 그 돈을 주워서 파출소에 갖다주었어야 했는데 과연 그 사람이 주인을 찾아 주었는지는 알 수 없다.

가끔씩 육 남매가 모인 자리에서 엄마의 이런 행동을 이야기하며 배꼽을 잡고 웃다가도 울면서 우리는 "정직을 배우는 도덕교육의 장이 따로 없구나."라며 엄마를 생각한다.

직장생활을 하던 첫해, 의료보험 혜택으로 수술을 하여 큰딸 덕분에 아버지를 살렸다고 집안 어른들이 엄마에게 치사를 하셨다. 그런 딸이 한때 기관지 천식을 앓고 문밖출입도 못하고 밤새 앉아서 뜬눈으로 지샐 때의 한숨은 지금도 잊을 수가 없다.

"어릴 때 돈이 없어 홍진 열기침할 때 약도 한 번 못 써서 기침을 못 고쳐서 이 고생을 시킨다. 아이고, 내가 무슨 죄가 많아서 이럴꼬."

세월이 흘러 머리에 이고 장사하시는 어머니의 안쓰러운 모습은 사라졌다. 난전에서 생선을 파는 모습이 익숙해져 갈 무렵 이번에는 아버지의 간경화가 심해져만 갔다. 머리에 무거운 짐을 이고 하시는 고생은 조금 덜해졌지만 어제의 피로도 가시기 전 추운 겨울 새벽 4시에 일어나 피곤한 몸을 이끌고 새벽시장에 가야 하는 고달픔은 더해만 갔다. 꽁꽁 언 손으로 밤 10시까지 얼음을 깨 가며 단돈 500원을 벌려고 애쓰는 모습이 억척이셨다. 그런 엄마를 볼 때마다 가슴이 아팠지만 우리는 엄마의 애달픈 삶을 알고도 각자의 삶에 빠져 살았다.

자식들한테 피해를 준다고 아버지께 생선이나 보양식을 해 드리면서도 빨리 저세상으로 가지 않는다고 성화를 하셨던 엄마였다. 어제 아버지의 일곱 번째 기제를 지내면서 무슨 생각을 하셨을까? 엄지손톱은 생선 파느라 청춘을 바친 엄마의 인생을 대변하듯 벌어지고 갈라져서 아물 새가 없었다. 그 손톱으로 푸성귀를 다듬고 갖가지 나물로 동네 어르신들을 대접하고도 베풀고 싶어서 안달이 나는 엄마이다. 동네 친구분들은 동사(洞舍)에서 어울려 지내시고 맛있는 음식도 해 드시는데 우리 엄마는 일을 그만두지 못하셨다.

거의 매일이다시피 장사를 하신 세월도 한 10년이 넘은 것 같다. 이제 자식들이 장성했으니 하지 말라고 말려도 보았다. 그래도 고집을 부리며 움직일 수 있을 때까지 하겠다시며 이틀만 가신다. 몸에 익숙한 습이 30년, 이제 엄마는 시장 좌판에서 옆에 어르신들과 가끔씩 술도 하시고 노래도 잘하신다. 팬티를 입고 가마니를 밟던 막내아들과 아버지 제상에 꽃다발을 바친 며느리는 엄마의 기쁨이다. 귀한 대접 받으면서 일본 여행하셨고 소년 소녀가장들을 돕기 위해 주선을 하는 자리에 엄마를 자랑스럽게 모셨다.

대학 졸업을 걱정하며 훌쩍이던 셋째가 엄마를 중국으로 여행을 보내드렸다. 생선 고무대야를 인 모습이 부끄러워 모른 척했다던 넷째와 다섯째도 엄마에게 경쟁하다시피 효도를 한다. 특히 막내 여동생은 돌아가신 아버지를 지극히 모셨다. 무엇보다 그렇게 애간장을 녹였던 장남이 하루 종일 일하느라 여념이 없다. 동생은 피곤한데도 파장된 시장에서 생선 비린내 나는 기구들을 챙긴다. 그런 동생이 한 잔의 술로 하루의 피로를 푸시는 엄마를 기다리고 있다. 이제 엄마 입에서 장한 내 아들이라고 웃으면서 부르신다. 그 장남이 요즘 트럭에 엄마를 모시고 엄마가 좋아하는 노랫가락에 장단을 맞춰 드리며 효도하고 있다.

♬ 청춘아, 내 청춘아. 어딜 갔느냐? ♬

효녀 다섯째는 영이 맑아서인지 꿈도 잘 꾼다. 다섯째의 꿈과 장남의 행동 개시로 이제 엄마의 보물들이 훨훨 타고 있다. 그칠 줄 모르는 불꽃은 자식 사랑으로 얼룩진 평생의 한숨과 그 용구들이 타는 걸 차마 말리지 못한 엄마의 회한을 휘감고 빗물 속으로 사라지고 있다. 30년간 애지중지 함께한 우리 어머니의 보물들, 그 허탈감을 조금이나마 메워드리고자 첫째인 나는 펜으로써 이 밤을 하얗게 지새우고 있다.

내리사랑

쿨럭쿨럭, 어느 순간부터 기침할 때 야릇한 소리가 났다. 또 병증이 심해지려나 보다. 답답함 때문에 도저히 잠을 이룰 수가 없어 자리를 박차고 일어나 얼른 냉장고에 넣어둔 도라지 가루를 한 숟갈 먹는다. 급할 때 취하는 방편이다. 새벽 인시(寅時)가 조금 지난 시각. 다시 청해도 오지 않을 불면의 새벽. 애써 잠을 청하기보다 온갖 핑계로 접어두었던 삼국지를 꺼내었다.

코로나19로 다람쥐 쳇바퀴 돌 듯 주말이나 휴일엔 꼼짝없이 집에만 머물렀다. 2월 이후부터 나아지기만을 기다려 온 지 4개월여가 지났다. 기저 질환이 있는 자, 노약자는…….

어릴 때 홍역을 심하게 앓았기에 초등학교 3학년 때까지 통원치료를 받아야 했었다. 혹자는 채독이라 하기도 하고. 심한 기침으로 기도가 막히기도 했으니 아마 죽을 거라고 생각할 수도 있었을 게다. 어쩌다 친척 집에서 잠자는 날에는 주위 사람들을 놀라게 했다. 낮에는 멀쩡하다가도 잠잘 때는 숨이 멎을 듯 기침을 했으니 딱하기도 했을 것이다.

당시의 폐병은 불치병이기에 엄마는 기침이 심한 나를 폐병일지도 모른다는 불안감에 엑스레이를 참 많이도 찍게 하셨다. 결과는 항상 기관지염. 아마 그때 병원비를 지금 돈으로 환산한다면 한평생 공부시키고도 남을 돈이었을 것이라고 푸념처럼 말한다.

맏딸이라서 안아야 할 부담도 있었지만 딸을 걱정하시는 엄마의 정성은 지극하셨다. 기관지에 좋다는 조약이라면(민간요법) 어떻게든 구하려 애쓰셨고, 때로는 동생들의 투정도 많이 받으셨다. 그럴 땐 "열 손가락 깨물어 안 아픈 손가락 있다더냐" 하시며 안 그런 척 외면했지만 나는 유독 엄마의 엄지손가락이 아파서 애간장이 녹았다는 것을 알고 있다.

직장생활을 하다 어느 겨울 방학 때 감기가 심해 엄마의 간병을 받게 되었다. 얼마나 심했던지 새벽 2시까지도 잠을 잘 수가 없어, 벽 모서리에 기대앉아 밤을 지새우는 경우가 많았다. 기관지 천식. 나는 너무나 무서운 병이라 결혼하지 않겠다면서 울고, 엄마는 자식한테 죄를 지었다며 한탄했었다. 가난해서 홍진 열 기침을 제대로 풀어주지 못했다며, 딸의 고질병이 자신의 죄인 양 밤을 하얗게 지새웠던 엄마는 남몰래 눈물을 훔치셨던 것이다.

어느새 나도
딸을 걱정하시는 엄마를
닮아가고 있다.
세 모녀의 가슴앓이는
내리사랑이다.

그 이후로 엄마의 가슴앓이는 계속되었다. 입원 치료를 하지 않은 어리석음이라 탓할 수도 있겠지만 그때의 형편으로는 병원에 입원할 처지가 아니었다. 어느 약으로 나았는지는 모른다. 지금 생각해 보면 땅벌집 달인 물이 아닌가 싶다. 기관지천식이 낫고 나니 알레르기 비염이란다. 자리를 털고 일어나서도 10년간을 알레르기 비염으로 고생하였고 아직도 진행 중이다. 기관지천식과 알레르기 비염, 아토피성 피부병은 형제란다. 면역이 약하면 돌아가면서 사람을 괴롭히는 병이다.

참 묘한 것이 딸도 3살부터 10살까지 기관지천식으로 입원하여 많이도 아팠다. 링거 꽂을 곳이 없어 이마에다 바늘을 꽂을 땐 가슴이 아리다 못해 저렸었다. 정말 피하고 싶은 몹쓸 병을 물려준 셈이다.

한 번은 딸에게 모진 말을 한 적이 있다.

"너는 돈이 필요하거나 스트레스 풀 대상으로 엄마가 필요하제?"

가슴 졸이는 아픔 대신 독립한 딸이 대견하기에 내뱉은 말이었지만, 무한사랑인 친정엄마와 이기적인 내 마음이 비교되는 순간이다.

수화기에서 들려오는 엄마의 말

"니만 괜찮으모 된다."

허리가 아파 겨우 진정된 지금에도, 오직 코로나19로 마스크를 벗지 못하는 기저 질환자 딸이 오매불망 걱정이라신다.

아버지 제사에도 가지 못했던 나는, 춘삼월 벚꽃 흐드러지게 피던 날, 아버지 산소에 가서 빌었다. 모녀의 정도 앗아간 코로나19가 빨리 사라져, 3대 모녀의 가슴앓이가 환희의 순간이 되는 만남이 되게 해 달라는 간절한 기도였다.

"요즘은 기침 안 하나? 도라지 가루를 보내주어야 할텐데."

어느새 나도 딸을 걱정하시는 엄마를 닮아가고 있다. 세 모녀의 가슴앓이는 내리사랑이다. 불치병에 비하면 약이 있어 얼마나 다행인가. 엄마의 한없는 보살핌으로 살아있음이 감사하고 그 사랑으로 딸의 아픔도 어루만져야지.

아픔의 아련함도 잠깐, 주위의 상쾌함을 온몸으로 느끼며 책 속으로 빠져든다. 전투 중에도 춘추를 읽으면서 자부심이 남달랐다는 관우 장군. 그의 인격에 매료되어 이번에는 10권으로 된 삼국지를 꼭 끝내고야 말리라.

한없이 자신을 낮추라는 관우 장군의 책망이 들리는 듯 그렇게 자숙하며 책장을 넘긴다. 디지털 세상의 언어 코딩이 아니어도, 인공지능의 능란함이 없을지라도 나는 안달하지 않는다. 종이 글 속에서 엮어내는 이야기에 점점 빠져들고 있다. 희열의 순간이다.

새벽잠으로 달콤한 신혼생활을 누리고 있을 딸에게 책 읽는 엄마의 자랑스런 모습을 전하고 싶다. 무한 긍정의 자식 사랑으로 오늘의 나를 있게 한 친정엄마처럼 그렇게 말이다.

시 간

 시작을 알리는 멜로디가 운동장에 울려 퍼졌건만 호기심 어린 꼬마들은 부레옥잠을 관찰하느라 교실에 들어올 생각을 잊은 것 같다. 우리 학교 생태 연못엔 부들, 속새, 물칸나, 갈대, 연꽃들이 여름 내내 꼬마들과 함께 생활하고 있다. 기다리다 못해 꼬마들에게 다가가 자세히 보니 부레옥잠의 공기주머니가 신기한지 꾹 눌러 가라앉히려 하고 있었다. 꼬마에게 왜 그러냐고 물었더니 떠 있는 부레옥잠을 편안하게 해 주고 싶었단다.

 "식물을 사랑하는 그 마음이 참 기특하구나, 그런데 ○○아, 억지로 누른다고 해서 물속에 가라앉아 있는 것이 아니란다. 물 위에 떠 있어야만 뿌리가 썩지 않고 살아갈 수 있지. 너의 기특한 마음보다 더 소중한 걸 잊을 뻔했네. 공부 시작 시각이 벌써 10분이나 지났어요."

1학년 꼬마에게는 시간의 소중함보다 호기심과 자신이 몰입할 수 있는 대상이 먼저란 걸 담임인 나도 잠시 잊고 있었다. 하긴 오십 고개를 넘긴 지금도 시간 관리를 제대로 하지 못해 가끔은 허둥댈 때가 있으니 말이다.

'바쁘다는 것은 할 일을 미루었기 때문이다'라는 어느 교수의 말에 공감하면서 하루를 되돌아본다. 미루어 온 습관이 단번에 고쳐질 리는 만무하겠지만 그래도 시도는 해 보자며 다짐을 하고 있다.

어릴 때 나는 빨리 어른이 되고 싶었다. 멋진 차림으로 당당하게 걸어가는 미래의 모습을 그리면서 그렇게 기다린 세월이었.

학교 다닐 때는 공부만 잘하면 모든 게 해결될 줄 알았는데 세상을, 이 변화무쌍한 사회의 중요함도 모른 채 지나쳤던 시기였었다.

결혼 후에는 자식 낳아 남편 뒷바라지 잘하고 화목한 가정을 꾸리면 저절로 자식 교육이 되는 줄 알았다. 또 한평생 만족하면서 살면 생의 마지막을 멋지게 장식하는 것이라 믿었다.

내 방식대로라면 삶은 참 단순하고 걱정할 것이 없을 것 같은 무대다. 하지만 사람들은 인생을 마라톤에 비유하기도 한다. 처음부터 욕심을 부리면 지쳐서 더 이상 달릴 수 없게 된다. 또 너무 느리면 앞사람과의 차이가 많이 나서 포기할 수도 있다. 그래서 멀리 보고 일정한 속도를 유지하라고도 했다. 그리하여 끝까지 달려 목적지에 도달하는 게 얼마나 중요한지를 일깨워 주며 강조한 것이다.

또 아침저녁 출퇴근 길, 8차선 고속도로 긴 터널을 통과하는 운전자에 비유하기도 한다. 우리는 앞의 상황도 알 수 없고 자기 의지와는 상관없이 사고가 나기도, 또 죽을 수도 있다는 사실은 외면한 채 앞만 보고 달린다.

조금씩이나마 이 세상의 이치가, 자연의 섭리라는 경전이 보이기 시작했다. 잡히지도 않는 과거에 얽매여 답답함이란 단어에 늘 갇혀 있었다. 모두를 위한 나의 배려를 몰라준다고 불만을 터뜨릴 때도 많았다. 그러나 정작 비수가 되어 돌아올 때는 얼마나 원망했는지 모른다. 자신이 원인 제공자였을 수도 있다는 사실은 까마득히 모른 채 말이다. 그런 내가 성인 아이는 아니었는지 자신에게 되묻고 싶다.

누군가가 이 세상은 넓은 거미집처럼 얽혀 있다는 사실을 알려 주었다. 그 속에서 사는 나는 시공을 초월하여 위대한 삶을 산 분들의 인생을 반추해 보아야만 했다. 지금 필요한 알음의 눈을 더 크게 떠서 세상을 읽을 수 있어야 한다.

돌이킬 수만 있다면 비록 몸이 고달팠지만 젊은 시절로 돌아가고 싶다. 자식들을 도서관에 데리고 가서 그 분위기를 느끼고 좋아하는 책을 맘껏 읽히고 싶다. 그리하여 알아가는 기쁨이 생활에 얼마나 활력이 되는지를 맛보게 했다면 좋았을 것이다. 그리했다면 고집보다 자신감이 충만하여 여유로움을 지닌 어른으로 살아갈 수 있으련만 아쉬움이 남는다. 또 함께 봉사할 수 있는 기회를 만들어 나눈 후의 뿌듯함을 느낄 수 있도록 부모가 모범을 보였어야 했다. 그랬다면 이리도 허탈하지는 않았을 것이다.

시간을 되돌릴 수 없듯이 사람을 기다려주지도 않는다. 엄마가 중심을 잡아야 아이의 인생도 중심을 잃지 않는 법이다. 부모와 교사의 짐을 함께 지고 가는 삶일지라도 건강이 허락하는 한 최선을 다해 보자.

종일 컴퓨터 앞에서 업무를 해야 하는 자신의 위치로 돌아왔다. 기계를 부리고 즐겨야 할 우리 인간이 기기의 놀이에 점점 빠져들고 있다. 진정으로 바라보아야 할 눈빛은 외면한 채 그런 현실이 참으로 안타깝다. 디지털 시대에 빛의 속도로 변해가는 세상을 보고 있다. 아날로그 방식으로 사는 게 더 편하다는 생각을 가진 내가 주변인일까?

컴퓨터를 사용하면서 실수하면 어쩌나 하는 조바심으로 하루를 연다. 하지만 나에겐 비장한 무기가 있다. 무엇이 그리 즐거운지, 감사할 일이 많은지 일어나자마자 숨 쉴 수 있는 여유에 그저 웃고 있다. 만약 지금 내게 생의 마지막 1분이 주어진다면, 겸허한 마음으로 모두에게 기도로써 감사의 마음을 전하고 싶다.

2배 사과식초

좀 전의 위경련 후유증으로 일찍 자리에 누웠으나 쉬이 잠들 것 같지 않아 책상 앞에 앉았다. 몇 번이나 안도의 숨을 쉬며 병원에 가지 않아도 되는 이 상황이 그저 고마울 뿐이다.

평소 급식 시간이 되면 나는 밥보다 반찬을 더 챙긴다. 오늘따라 유난히 무 생채가 맛나서 많이 먹었다. 더부룩한 속이 시원하게 뚫렸는지 날아갈 것 같다. 무 속에는 디아스타제라는 소화효소가 들어 있고 특히 기관지천식에 좋다고 한다. 가을 무는 산삼보다 좋다는 옛말을 떠올리면서 저녁에도 무로 생채를 만들어 맛있게 먹을 참이었다.

양념을 할 때 평소 쓰던 사과식초를 넣으려다 며칠 전 산 새 사과식초를 사용하기로 맘먹었다. 조금 시큼하게 먹으려고 여느 때

보다 더 많이 넣었다. 땡초를 썰어 섞었더니 초록이 더해져 보기만 해도 혀끝에 군침이 돌았다. 콧노래를 부르며 예쁜 접시에 담아 한 입 먹어 보았다. 평소보다 시큼한 것 같았지만 배도 고팠고 갓 한 밥과 무의 식감을 즐기면서 계속 먹었다. 거의 2/3쯤 먹었을 때 너무 자극적이어서 생채는 그만 먹기로 하였다. 쓰린 속을 좀 완화시키고자 삶은 고구마와 사과 1개를 더 먹어 보았다. 그렇지만 쓰린 속은 나아지지 않고 점점 머리가 어지러우면서 몸은 더 이상했다.

  소파에 누워 쉬면 괜찮겠지 하고 누웠는데 갑자기 속이 뒤틀리면서 식은땀이 흘렀다. 얼른 일어나 화장실에서 연방 먹었던 걸 다 토하고 말았다. 옷을 내릴 틈도 없이 밑으로도 줄줄 쏟아졌다. 위장의 뒤틀림이 이런 증상일까? 보여줄 수도 없고 설명으로도 부족한 언어의 한계이다. 조금만 더 심해지면 저승 문턱으로 가는 게 아닌가 싶을 정도로 아찔했다.

  덜컥 겁이 난다. 몇 년 전 화장실에서 쓰러져 응급실 신세를 졌던 상흔이 아직 다 아물지도 않았는데 온갖 생각이 뇌리를 스친다. 그래도 이번에는 정신줄을 꽉 잡고 있어야지. 계속 토하고 배설하면서 더 이상 심해지면 병원에 갈 각오를 했다. 신기하게도 먹은 걸 다 토하면서 쏟아내고 나니 좀 살 것 같았다. 응급실에 가지 않아도 된다는 안도감에 긴장이 서서히 풀렸다.

  아픈 와중에도 내일 출근할 걱정을 먼저 한다. 직장생활에서 몸에 밴 책임감이라지만 몸도 마음도 쉼이 필요한데 너무 철저하고 너그럽지 못한 자신에게 때론 미안하기도 하다.

뇌리 속에 박힌 습(習)이란 참 바꾸기가 힘드나 보다. 변화한다는 글자 화(化)는 사람이 서 있다(人)가 물구나무를 서는 모습(匕 거꾸러질 화)을 형상화한 글자이니 얼마나 어렵겠는가. 몸에 굳어진 습(習)으로 내게 사과식초는 오로지 식용으로 자리매김하고 있었다. 그래서인지 2배 사과식초 역시 한 치의 의심도. 부착된 설명을 읽어볼 필요도 없이 무 생채 양념으로 사용했던 것이다. 그 식초병 부착물에는 안심 세척, 안심 살균, 안심 헹굼이란 붉은 글씨가 선명하게 쓰여 있었다. 많은 사람들도 이 2배 사과식초를 사용했을 터 왜 유독 나만 살균, 세척용이 있다는 걸 모르고 식용이라고만 고집했을까? 정량을 지키지 않아 위험천만의 상황을 만들었는지 후회스러워 돌이킬 수만 있다면 이런 실수는 하지 않으리라.

편견이란 이렇듯 무서운 결과를 낳는다. 한쪽으로 치우친 생각으로 치우치게 보는 것이다. 偏(치우칠 편)은 사람이 한가운데 서 있지 않고 문 위에 걸려 있는 작은 현판에 있는 글자처럼 한쪽으로 치우쳤다는 데서 온 모습의 글자이다.

어디 이뿐이랴. 젊은 시절 기억이 정확하다며 내가 무조건 옳다고 우겼던 일도 한두 번이 아니었을 것이다. 그 아찔했던 순간을 떠올리면 울어도 시원찮을 이 상황에서 웃음이 나왔다. 이런 나의 태도는 위기를 모면하는 또 다른 방편일 수도 있다. 어쩌면 여유로움으로 가장한 나의 허세일지도 모를 일이다. 무심코 행했던 일들로 아찔했던 순간들이 많았다. 개인의 편견이 직장에서의 실수로 동료들을 힘들게 한 일은 없는지 누누이 되짚어 볼 일이다.

평소 사용하던 식초를 사용했다면 이런 일이 없었겠지만 돌이킬 수 없으니 한동안 위에 부담되는 음식은 가리고 조심해야겠다. 우리네 삶은 문제와 선택의 연속인 것 같다. 어떤 선택을 하느냐에 따라 인생도 좌우되는 것이겠지. 많은 생각을 하게 해 준 2배 사과식초. 내일 억울하다면서 가게 주인에게 하소연을 해 볼까? 남을 탓하기에 앞서 편견을 갖고 행동한 자신을 반성할 일이다. 아찔했던 순간들을 떠올리며 해를 거듭할수록 인명(人命)은 재천(在天)이라는 말을 실감하게 된다. 저승에서도 남은 가족들을 걱정하시는 친정아버지의 힘겨운 노력과 새벽마다 다라니(경)를 들으시면서 도와달라는 친정엄마의 지성은 계속되고 있다. 응급실에 가지 않아도 된 상황이 다시 생각해도 고맙고 다행한 일이다.

아직도 내겐 누군가를 위해 희생, 봉사해야 할 하늘의 뜻이 남아 있나 보다. 내게 주어진 요소는 남의 아픔을 내 아픔처럼 여기고, 좌절하는 사람에게 긍정의 기운으로 북돋아 주라는 메시지가 담겨 있다고 한다. 겨울철 사방에 언 땅을 녹여주어야 할 하늘의 태양(丙)으로 태어난 나. 찬물의 기운이 강한 경자년과 금의 기운으로 똘똘 뭉친 신축년은 더 힘들 것 같단다. 하루빨리 나의 추운 기운을 따뜻하게 녹여 줄 수 있는 계절이 왔으면 하는 바람이다. 내면의 강한 힘으로 지금의 어려움을 견뎌야겠다고 다짐한다.

코로나19로 곳곳에는 위험이 도사리고 있다. 위기 상황에 대처할 준비는 잘되어 있는지, 긴장되는 나날의 연속이다. 조심하고 또 조심할 일이다.

삼경이 훨씬 지난 밤의 침묵은 사방의 위기를 더 실감나게 한다. 편견으로 자신의 본분이 사라질 뻔한 순간이었지만 오늘도 나는 세상에 빛이 되는 삶이기를 희망한다. 그리하여 어려움 속에서도 보무도 당당한 나의 길이 찬란한 기쁨이기를 소망한다.

잊지 못할 스승님

 코끝이 아려온다. 창문 너머로 스며든 은목서의 향기는 곤충들의 향연인지 아련한 기억 저편 잊지 못할 그리움인지.

 "교장선생님과 함께하는 인성·한자교육, 안남초등학교(교장 ○○○)는 지난 9월부터 전교생(24학급)을 대상으로 한자의 구성 원리를 활용한 인성·한자교육을 실시하였다.(… 하략)" 2021년 10월 19일자 영남신문, 뉴스경남에 실린 우리 학교 기사다.

 내가 다녔던 중학교는 한 학년이 500여 명 남녀공학으로 고등학교와 같은 재단에서 운영했던 시골 학교다. 그때는 명문 고등학교에 몇 명이나 입학시켰느냐로 학교를 평가했던 시절이기도

하다. 고입 시험을 칠 당시 학교에서는 내게 M여고 시험을 포기하면 입학금을 면제한다는 조건을 달았다. 6남매의 맏이인 나는 아버지의 깊은 병환과 동생들이 많았기 때문에 장학금으로 재단에서 운영하는 고등학교에 다녀야만 했다. 학교에서는 아마 합격이 되면 아무리 어려운 형편이라도 부모님의 마음이 변하여 M여고에 보낼 거라고 생각했던 모양이다. 그래서 담임 선생님을 통해 설득을 시키셨던 것 같다. 글을 쓰고 있는 지금도 고입 전날 밤의 오열이 오버랩된다. 한동안 메말라서 흐르지 않을 것 같았던 눈물샘이 터졌나 보다. 가슴이 시리도록 아프다.

입학할 당시에는 여학생이 18명으로 1학년 2학기부터 졸업할 때까지 남녀 합반을 했다. 한참 멋 부리고 꿈에 부풀었을 고교 시절, 신바람이 더 많던 남녀 학생들이 한 반에 50여 명이나 섞여 있었으니 그 교실 분위기야 어찌 말로 표현할 수 있으리. 언제나 나의 표정은 어두웠고 참 많이도 울었다. 같은 재단 학교였기에 중학교 3학년 때 담임이셨던 선생님은 또 고등학교 1학년 사회도 가르치셨다. 수업 분위기가 어수선하여 나는 가끔 넋이 나간 사람처럼 창밖을 바라보는 버릇이 생겼다. 언젠가 수업에 집중하지 않고 먼 산을 보는 척했을 때 나는 선생님의 회한에 찬 눈빛을 읽은 것 같았다. 그 당시 ○○를 고입 시험을 보게 했더라면. 그러나 그 눈빛 속에는 믿음에 찬 확신도 있었다는 것을 이제야 알겠다. "너는 잘할 거라고. 또 너를 응원한다는."

고등학생이라도 학교 오가는 시골길은 멀기도 하고 여러 마을을 거쳐야만 했다. 한여름 그늘진 평상에 모인 사람들은 우리 학교를 비하하는 말을 했고, 중학교 때 친구들이 주말에 자랑스런 교복을 입고 나타날 때면 나도 모르게 전봇대 뒤에 숨기도 했었다. 고교 3년 동안 무엇이 그리도 나를 비참하게 했는지. 또 고2 때는 국어 선생님과 백일장에 참석해 혼자 집으로 오는 기차역에서 어떤 남학생이 내 교복을 보고 비꼬았던 말과 행동은 내게 참을 수 없는 모욕과 자괴감을 주었다. 그때는 죽고 싶은 마음뿐이었다.

'저런 학생에게 이런 취급을 받다니'를 수없이 되뇌며 그날 나는 반드시 대학에 들어가야만 한다는 말을 주문처럼 새겼다.

평소 앓고 계셨던 아버지의 병환은 고3 때도 여지없이 나를 슬프게 했다. 잠깐 삼촌 댁에서 공부를 했지만 여의치 못해 집에서 다녔는데 시골에서 밤늦게 자율학습을 하고 집에 가는 일은 예삿일이 아니었다. 그런 나의 안타까운 모습을 보시고선 선생님께서 또 당신이 사시는 집 옆방에 살게 하면서 먹는 것까지도 신경을 써 주셨던 것이다. 중3 때는 신혼이셨는데 사모님의 깊은 배려 덕분으로 공부할 수 있었지만 예비고사 시기에는 선생님의 둘째아기가 태어났던 때이기도 했다.

지금 그때의 일을 돌아본다. 신혼 시절에 두 분 만의 행복공간에서 제자라는 불청객이 달갑지도 않았을 텐데 사모님은 내색하지 않고 내조를 하셨다. 내가 그런 입장이었다면 평생에 그 시절만이 누릴 수 있는 자신의 행복을 포기할 수 있었을까? 도저히 자신이 없다. 또 병치레가 잦은 두 아이를 키워 본 나는 산고와 육아의 힘듦을 누구보다 잘 알기에 아무나 할 수 없는 사모님의 헌신적 내조에 한없는 고마움을 생각하며 오래도록 간직해 왔다.

오늘따라 은목서의 향기는 지금의 나를 있게 해 주신 선생님 내외분의 훈훈한 사랑인 양 유난히도 짙다.

세월이 많이 흐른 지금 우리 모교는 꽤 괜찮은 학교가 되었다. 여건이 썩 좋지 않았던 초창기 때라 나에게는 참으로 아쉬움이 큰 고등학교 시절이었지만 뒤돌아보면 아픈 청춘이었고 어리석음의 극치였다는 것을 이제야 절감한다. 혼자 고민한답시고 시간을 허비할 때 맑은 정신으로 책이라도 읽었더라면, 번민했던 가슴과 허탈감을 승화라도 시켰을 텐데 그러지 못한 자신이 못내 후회스러울 뿐이다. 아, 그때는 단지 답답함만 토했었구나! 갑자기 뇌리를 스치는 말 '울음이 승화되어야 진정한 웃음이 나온다.' 그래도 살아온 날들을 반추해 보니 모두가 나를 위한 단련이요 성장통이었지만 돌이키고 싶지는 않은 나날.

하늘이 내게 맡긴 소명은 따로 있나 보다. 교육정책의 변화로 기회와 위기는 언제나 공존하는 법, 예비고사와 본고사로 모집하던 교육대학의 입시제도가 본고사 대신 내신성적으로 바뀌어 수월하게 교대 입학을 할 수가 있었다. 당시 여대생이라면 멋과 낭만을 만끽할 대명사로 불린 시대였기에 설레는 마음으로 대학 생활을 꿈꿀 수도 있었겠지만 내게는 사치였다. 그때는 시대적 혼란으로 학생 과외가 허락되지 않았고 2년간의 대학 생활은 혹독

한 겨울 날씨에도 견디며 아르바이트를 해야만 하는 날들이었다. 그렇게 힘들었지만 또 다른 세계에서의 경험은 때때로 삶이 힘들 때 나를 버티게 해 준 자양분은 아니었는지. 지금은 스스로를 위로하게 된다.

졸업과 동시에 1981년 3월 1일 첫 발령지 통영(당시는 충무)에서부터 정년퇴직을 앞둔 지금까지 나는 항상 운명적인 만남의 아이들이 있었다. 마음이 아픈 친구, 물건이나 돈을 가져가는 친구, 거짓말하는 친구 등.

교육자로서 아픈 마음을 달랜다는 것, 거짓을 뉘우치게 한다는 것 등은 참으로 어렵고도 많은 시간을 필요로 하는 일이다. 나름대로는 열심히 교육현장에서 최선을 다했건만 어떤 변화가 있었는지 또 지금은 어떤 모습으로 살아가고 있는지 모두가 궁금할 따름이다. 묘한 것이 인연이라 했던가! 만나야 할 사람은 보이지 않는 어떤 끈으로도 연결되어 있나 보다. 교장 첫 발령지(2017. 9. 1.)인 함안에서 우리 학교 교무부장이 그때 태어났던 선생님의 둘째딸 남편으로 선생님의 사위라는 사실이었다. 놀랍고도 믿기지 않는 현실이다.

"나는 어떤 모습의 친구가 되고 싶나요? 자신의 손을 보면서 다섯 손가락을 그려보세요. 손 수(手)가 되고 이 한자가 변해서 어떤 글자가 만들어졌는지도 살펴봅시다. 벗 우(友)가 되었지요. 친구와 나의 손을 마주 잡으면 서로의 눈빛도 볼 수 있고……."

신문의 기사처럼 안남초등학교 3학년 교실에서 한자 구성원리를 활용한 인성교육을 하고 있는 장면이다.

끝나지 않는 코로나19로 관리자의 책임감은 몸으로 나타나는 것 같다. 때로는 기력이 소진된 상태로 선생님을 떠올리면서 혼잣말을 할 때가 있다.

'스승님! 저도 선생님처럼 지치고 힘든 아이들을 조건 없이 그들을 따뜻하게 품어 주었을까요?'

돌아오는 나의 대답은 여지없이 이기심과 어리석음이 더 많았음을 인정한다.

근래에 나의 등단 작품이 실린 문예지를 들고 선생님 댁을 방문했었다. 고등학교 교장으로 퇴직하신 조권제 선생님은 여전히 깡마른 체구에 백발이 성성했지만 제자를 사랑하던 그 인자하신 눈빛만은 여전하셨다. 인성교육의 전도사가 되겠다는 나의 결심은 오랜 세월 가슴 깊숙이 묻어 두었던 아이들과의 인연, 또 이 자리에 나를 있게 하신 선생님과의 무언의 약속은 아니었는지.

바람결에 실려 온 나의 추억여행은 생기발랄한 아이들의 재잘거림으로 종착역에 닿았다. 내년 가을, 은목서의 꽃잎이 흩날릴 때 나는 선생님 내외분의 은혜를 생각하면서 인성·한자교실에서 '스승은 마음의 어버이시다'를 노래하며 스승 사(師)를 가르치고 싶다.

서평
書評

조현술

한 여교사가 걸어온
교육 현대사의 파편들

| 서평 |

한 여교사가 걸어온 교육(敎育) 현대사(現代史)의 파편(破片)들

조현술(교육학박사, 작가)

　수필(隨筆, essay)의 속성은 1인칭이며 자기 고백적 성격의 글입니다. 작가의 체험적 자기 사생활, 자기 철학을 솔직하게 서술하는 것입니다. 글의 호흡 면에서 희곡이나 소설보다 비교적 짧은 것이 특징입니다.
　수필집《아! 꽃이 피었구나》의 구성을 생각해 봅니다. 수필이란 글은 우리가 산문에서 요구하는 기승전결(起承轉結) 같은 글의 구성 요건을 필요로 하지 않는 것이 특징입니다. 어떤 경우는 모든 구성적 논리를 초월하기도 합니다. 굳이 수필의 구성을 말한다면 유동적 구성(rambling structure)을 원칙으로 한다고 말하고 싶습니다. 그러나 수필이 조직적이고 논리성을 가지고 글을 이끌어가야 한다는 것에는 한정이라고 하겠습니다. 이기숙 교장 선생님의 수필은 자유로운 발상으로 교육 현장의 일들을 수필의 형식에 담아 풀어내고 있습니다.

李기숙 교장선생님(이하 '李 수필가')의 수필을 한 편, 한 편 읽어 보면 이 시대 교육의 한 단면을 보는 듯합니다. 학교 내 교사들 간에 이루어지는 교육활동, 학생들을 가르치면서 오고 가는 말과 행동 그리고 학부모와의 사이에 오고 가는 교육적 일들은 이 시대의 교육문화인 것입니다. 李 수필가가 펴내는 수필집 속에는 이러한 일들이 솔직하게 담겨 있습니다.

이러한 일들은 먼 훗날 교육철학의 의미에서 李 수필가의 수필은 하나의 교육사(敎育史)가 될 것입니다. 이런 면에서 그의 수필 한 구절, 한 구절은 교육 현대사의 한 파편이라 말할 수 있겠습니다.

조직의 최고 책임자는 문제가 발생하면 해결책을 찾기 위해 고심하면서 거치는 단계가 있다. 상황의 파악, 정확한 인지, 명확한 개념 정리와 관련 근거 등을 숙지하고 절차에 맞게 일을 처리해야 한다. 아울러 개선점이나 보완점을 찾아 서로가 만족할 수 있도록 거듭 고뇌하는 것이다. 그렇지만 때때로 예기치 않은 상황에서의 대응은 시행착오를 겪으며 참담할 때도 있다.

적자생존(?)만이 살길이라는 세간의 우스갯소리가 철저한 생존의 법칙임을 일깨워 주는 예이기도 하다.

며칠 전부터 복잡한 문제의 내용들을 하나하나 들여다보며 단순화시키는 작업, 관련 근거와 리더의 역할에 대한 최선책을 찾느라 지난밤에는 거의 잠을 설쳤다.

―〈아! 꽃이 피었구나〉 중에서

　이 수필에서 적자생존의 묘한 유머를 생각합니다. 적자(適者)만이 살아남는다는 적자생존이 아니라 기록하는 자, 적는 자만이 살아남을 수 있다는 전혀 다른 의미로 풀이하고 있습니다. 학교교육에서 이 수필은 또다른 의미로 해석됩니다. 저자 자신이 밝혔듯이 교육의 의미가 "단순화시키는 작업, 관련 근거와 리더의 역할"의 의미로도 해석할 수 있다는 의미가 됩니다.
　교육의 정의 중에서 조작적(操作的) 정의라는 말이 있습니다. 이 말은 '인간행동 특성을 계획적으로 변화시키는 과정'을 말하고 있습니다. 이 정의 속의 인간 행동 특성은 심리학적 개념의 용어로 넓은 영역을 포함하고 있습니다. 행동에는 뛴다, 말한다, 기뻐한다 등의 비교적 관찰하기 쉬운 행동, 자아개념 등 포착하기 힘든 내면적 행동도 포함이 되고 있습니다. 많은 자료가 필요하게 됩니다. 이 수필가의 수필은 동양 문화권 즉 한자 문화가 작품의 표면에 나타나게 됩니다. 그러나 그 한자 문화가 별로 부담스럽게 느껴지지 않는 것은 구성적 전략이 있었기 때문일 것입니다. 거기에 아이들을 바라보는 따뜻한 마음까지 더해져 작품에서 감동까지 느끼게 됩니다.

적자생존의 유머적 표현에서 현시대 교육의 단면을 볼 수 있는 교육적 파편(破片)이 될 것이라 생각합니다.

    그런 나의 안타까운 모습을 보시고선 선생님께서 또 당신이 사시는 집 옆방에 살게 하면서 먹는 것까지도 신경을 써 주셨던 것이다. 중3 때는 신혼이셨는데 사모님의 깊은 배려 덕분으로 공부할 수 있었지만 예비고사 시기에는 선생님의 둘째아기가 태어났던 때이기도 했다.
    지금 그때의 일을 돌아본다. 신혼 시절에 두 분 만의 행복공간에서 제자라는 불청객이 달갑지도 않았을 텐데 사모님은 내색하지 않고 내조를 하셨다. 내가 그런 입장이었다면 평생에 그 시절만이 누릴 수 있는 자신의 행복을 포기할 수 있었을까? 도저히 자신이 없다.

―〈잊지 못할 스승님〉 중에서

  이 수필은 평소 李 수필가의 일화들을 예시하여 일상을 설명하고 있습니다. 적합한 구성에 서정적 감정의 깊이를 자아내고 있습니다.
  제자의 딱한 사정을 알고 있는 선생님이 그 제자를 데려다가 자기 집에 숙식하게 한 그 선생님의 은혜에 필자는 울먹이는 마음으로 이 글을 썼을 것입니다.
  여기서 우리는 교사의 자질을 잠시 살펴볼 필요성을 느낍니다.

요즘은 교사가 지식의 전달자로서만 존재하는 경우를 보게 됩니다. 다른 일면으로는 AI가 이를 대신할 수 있다는 말이 대두되고 있는 실정이기 때문입니다. 우리 사회가 요구하는 교사는 지식이나 기능만을 가르치는 것이 아니라, 학생들이 전인(全人)으로서 성장·발달하는 것을 가능하게 하는 사람이어야 합니다. 그런 의미에서 교사의 봉사적 자질을 살펴보았습니다. 교사는 깊은 이해심과 사랑과 봉사의 정신을 가져야 합니다. 교사는 학생들을 사랑과 이해와 친절과 따뜻함으로 대해야 합니다. 받는 사랑이 아니라 주는 사랑으로서 한없이 베푸는 사랑이 되어야 합니다. 부족함이 없고 똑똑한 학생들을 칭찬하는 것보다 그늘에서 떨고 있는 학생에게 사랑을 베풀어야 합니다.

　이러한 면에서 작가는 은사님을 이 시대에 보기 드문 스승상으로 예찬하고 있습니다. 이는 소설이나 예술 작품으로 승화(昇華)될 수 있는 소중한 교육의 파편이 될 것입니다.

　　　뼈대만 앙상하게 남은 나무들이 여기저기서 아프다고 아우성이다. 등교수업이 되면 나는 개구쟁이들의 물음에 어떤 대답을 해야 할지 자신이 없다.
　　　"어른들은 왜 나무의 팔을 잘라요?"
　　　"피는 안 났나요?"
　　　"어떻게 치료해 주었어요?"
　　　우리는 인간이라는 이유만으로 은행나무의 생명을 박탈할 자격이 있는가!

—〈은행나무의 고뇌〉 중에서

이 수필의 내용은 이러합니다.

학교 울타리 주변으로 아름드리 은행나무가 강강술래를 돌 듯이 서 있습니다. 학교 울타리 주변에는 주민들이 농사를 짓는 벼, 콩, 깨 등의 농작물이 자라고 감나무 밭도 있지요. 주변 농민들은 학교 울타리의 은행나무 그늘 때문에 농작물이 제대로 자라지 못한다고 민원을 넣어 톱으로 베어버리는 것입니다.

이 글은 교장으로서 막중한 책임을 지고 심적 고통을 안고 있는 글입니다. 이 수필은 마음에 담고 있는 것을 진술하며 교권의 의미를 비통한 심정으로 되새기고 있습니다.

이 상황을 수필가는 교육자의 시선으로 바라보면서 안타까운 마음으로 호소하고 있습니다. 개학을 해서 그 처참한 은행나무의 잔해를 보면서 가슴 아파할 아이들의 마음을 수필에 담았습니다. 주변에서 일어나는 일들을 쓰는 수필의 속성에 충실한 것입니다.

여기에는 교권의 문제와 학교 관리자의 역할 등 복잡한 문제가 대두됩니다. 이 현상은 교권 침해의 입장에서도 생각할 수 있을 것이고 교육활동 면에서도 생각할 수 있을 것입니다. 이 수필은 현장 고발적 의미가 있기도 합니다.

그러한 교권과 사회적 권익이 충돌했을 때 학교 관리자의 고뇌는 깊어 갈 것입니다. 이 수필은 우리 시대를 살아가는 교육관리자가 안고 있는 교육의 파편일 것입니다.

>나는 작심하고 도덕 시간에 큰 소리로 '이기숙은 마녀(摩女)다'라고 외치면서 칠판에다 썼다. 모두들 눈이 휘둥그레져 서로를 쳐다보았다. 나는 모른 척하면서 마귀 마(魔)자와 만질 마(摩-어루만지다)의 한자를 써서 설명을 했다. 그래 이기숙은 마녀라서 여러분들이 친구와의 갈등으로 외톨이가 되었을 때 제일 먼저 다가가 마음을 어루만져 주면서 위로했다. 문제가 풀리지 않을 때 공부하는 방법을 가르쳐주기도 했었지. 때론 가족 간의 말 못 할 고민도 이 마녀에게 도움을 청하지 않았더냐. 이쯤이면 멋진 마녀라 불러도 좋지 않을까?
>
>―〈이기숙은 마녀(摩女)다〉 중에서

이 수필은 보기 드문 수작으로 수필의 백미(白眉)입니다. 여러 작품 중에서 군계일학(群鷄一鶴) 같은 작품인 듯합니다. 또 교사로서 뛰어난 기지를 살린 수필이라 말할 수 있을 것 같습니다.

이 수필의 내용은 이러합니다. 담임교사가 학생들의 낙서 중에서 "이기숙은 마녀다."라는 글귀의 낙서장을 발견하게 됩니다. 필시 담임 자신인 이기숙을 말하고 있는 것입니다. 보통의 경우 자기가 열정을 쏟아 가르치고 있는 학생의 낙서장에서 이런 글귀를 발견했다면 어떻게 할까요?

필자 李 선생님은 담임으로 의연하고 슬기롭게 대처했습니다.

오늘날 교사와 학생의 정서적 인간적 관계를 무시하고 단순히 지식을 전달하고 지식을 받는 교사와 학생의 역학관계(役割關係)로만 한정해서 생각하는 경우가 많습니다. 다인수 교육으로 인한 지식 전달자로서 인간적 정서적 경향이 소홀하게 생각되는 경우가 많습니다. 그러나 교육현장에서는 존경하는 스승으로 기억되며 교사에게 친화감을 느끼고 스승으로부터 따뜻한 사랑을 받는 제자도 많이 있습니다.

> '아이는 어른의 아버지'라는 영국 시인 워즈워스의 글귀가 떠오른다. 지금껏 나의 웃음은 아직도 아픈 상처를 뱉어내지 못하고 마음속에 켜켜이 쌓아놓은 채 입꼬리만 올리는 억지웃음이었나 보다. 이상야릇한 표정은 호기심 많은 꼬마에게 내 마음을 들킬 수밖에 없을 정도로 어색하였겠지.
>
> ―〈웃음의 흔적〉 중에서

교사의 행동 중에서 교육적으로 전혀 의도하지 않은 말과 행동이 예상 외로 학생들에게 정서적, 지적 행동 변화에 큰 영향을 미치는 경우를 봅니다. 언어의 습관, 일상의 몸짓, 손짓, 발짓 등 전혀 계획적으로 의도하지 않았는데 이것이 아동의 행동, 의식에 큰 변화를 일으키는 경우가 있습니다.

이를 교육학 용어로 잠재적 교육과정(潛在的敎育課程, latent curriculum)이라고 하지요. 이 잠재적 교육과정은 현재적 교육과정에 존재하는 것이 아니라 각각의 교육과정에 숨은 교육과정이라고 말할 수 있겠습니다. 물리적 조건, 제도 및 행정적 조직, 사회적, 심리적 상황을 통하여 학교에서 의도한 바 없으나 학교생활을 하는 동안 학생들이 은연중에 행동, 의식이 변화하는 것을 말합니다.

 이 경우 위 수필에서 학생과의 대화는 잠재적 교육과정에서 생각할 수 있을 것입니다. 교사가 학생의 말을 무시하거나 아무런 교육적 배려 없이 처리했다면 학생에게 흔적의 의미가 없어지게 될 것입니다.

> "교장 어딨어요? 교장 나왔어요?"
> 화재 대피 합동훈련(안전교육) 중 운동장에서 학생 대표와 분말 소화기 사용 시범을 보이고 있을 때, 소방 담당관이 여러 교직원들 앞에서 교장을 찾으면서 한 말이다. 아무리 교권이 실추되었다지만 학생들의 건강과 안전에 최선을 다하고 있는 교장으로서 서글퍼지는 현실은 어쩔 수 없는 나만의 비애로 삼켜야 할 것인가?
> ―〈배려만이 능사인가〉 중에서

 학교에서 전 교직원들과 학생들이 소방 훈련을 하고 있는 상황에서 벌어진 일입니다. 우리 사회에서 교사가 권위와 권리를 인정받지 못할 때 교육이 제대로 이루어질 수 없다는 것은 누가 생각해도 자명한 사실입니다. 우리 사회에서 전문가로 자타가 공인

하는 직업은 의사입니다. 그런데 우리가 그 의사의 권위를 인정하지 못하고 그 앞에서 그를 멸시하는 말과 행동을 한다면 병의 치료가 제대로 이루어질 수 없지요. 학부모가 학생들 앞에서 교사의 권위를 인정하지 않으면 교육이 소기의 성과를 이룰 수 없습니다.

'제 이름이 뭐예요?'
　겨울방학이 끝나고 개학 첫날 급식소 앞에서 있었던 일이다. 6학년 여학생이 마치 자기 이름을 꼭 맞추리라는 확신에 찬 눈빛으로 내게 말했다. '제 이름을 아시나요?'도 아닌 자신의 이름을 알아달라고 알 수 없는 신호를 보내듯이 말이다. 참으로 난감했다. 아이에게 대답할 적당한 말이 생각나지 않았기 때문이다. 이 시절만이 누릴 수 있는 특권이라고 해야 할까? 나는 어리광 섞인 성화라 여기며 그 마음을 받아들이기로 했다.
　　　　　　　　　　　　―〈저의 이름을 불러주세요〉 중에서

　이 수필 속에는 학생이 교장 선생님에게 자신의 이름을 기억해 주었으면 하는 친근감으로 말을 하는 것입니다. 이 장면은 어쩌면 교장이 학생 한 사람 한 사람에게까지 관심을 가지고 있다는 의미로 해석이 됩니다.
　이때 교장이 그 학생을 대하는 태도에 따라 학생이 심리적으로 묘한 감정을 가지게 됩니다. 성장 과정의 학생들이 당면하게 되는 문제 중에는 자신감을 잃는 일, 무력감을 느끼는 일, 열등감에 빠지는 일이 있는 경우를 보게 됩니다. 이때 교사의 역할은 학생들이 무엇이라도 할 수 있는 자신감을 길러주고, 성취감을 가질 수 있도록 도와주는 그런 역할이 큽니다.

 이 수필의 구성은 예시(illustration)의 부분과 일반화(generali-zation)의 부분으로 나누고 있습니다. 평범한 구성이지만 설득력 있게 주제를 잘 풀어가고 있습니다. 일반화 과정에서 필자 자신의 사상과 주관을 추상화해 가고 있습니다.

  부인하고 싶었다. 감기겠지. 너무 과로했기에 몸살일 거야. 그렇게 믿고 싶었다. 밤새도록 끙끙 앓으면서도 꿈에서조차 아니기를 바라는 마음뿐. 자가 진단키트의 반응은 변명을 허락하지 않는다. 분홍색 두 줄. 병원에 가서 PCR 검사를 받았더니 부인할 수 없는 확진자란다. 반응 결과에 여지가 없었지만 그래도 구차한 변명을 늘어놓았다. 의사 선생님은 환자의 응석을 잘도 받아넘기신다.
  "그렇지요? 다들 자신들은 방역 수칙을 철저히 지켰는데 억울하다며 하소연을 한답니다."
                —〈분홍색 두 줄〉 중에서

 이 수필에서 요체는 앞부분에 배치한 사건의 전개에 따라 의미를 풀어가고 있습니다. 자신은 코로나에 감염되지 않으려고 위생을 철저히 했음에도 불행하게도 감염되는 안타까움을 말한 것입니다. 희로애락 감정의 처리를 구체적으로 묘사, 서술해가면서 추상화의 대목을 그쳐 감동의 단계로 끌고 가고 있는 것입니다. 작가는 자기만의 고집을 내세우지 않고 수필의 주제를 견지해가면서 풀어가고 있습니다.

 우리들은 한 가지 새로운 일에 착수하면 자신을 잃어버리고 그 일에 몰두하는 경우가 있지요. 그러다 보면 자신이 의도한 바를 숨기는 경우가 있습니다.
 메모해 둔 것을 정리하는 과정에서 수필의 진정한 부분을 잃어버릴 수도 있습니다. 이 수필가는 교직 생활 42년을 걸어오면서 틈틈이 교육 현장의 이 일들을 메모해 두었습니다. 이것은 한 개인의 메모가 아니라 우리 교육 현대사에서 중요한 교단문학 자료가 된다는 것에 큰 의미를 부여하고 싶습니다.

| 한국어문회 《어문생활》 2022년 1월호 인터뷰 내용 |

교장 선생님과 함께하는 한자·인성교육

♥ **인터뷰에 응해주셔서 감사합니다. 교장 선생님에 대한 소개 부탁드립니다.**

만나뵙게 되어 반갑습니다. 저는 진주교육대학교를 졸업하고 1981년 3월 1일 경남 통영(충무)을 첫 발령지로 30여 년간 교사로 근무했습니다. 진해, 창원에서는 4년 6개월 교감으로, 함안, 창원 안남초등학교에서 교장으로 근무하고 있으며 퇴직을 1년 앞두고 있습니다. 언제나 몸과 마음이 아픈 사람들을 먼저 배려하고 경청하는 자세로 살아가려고 노력하면서 인성교육에 관심이 많아 퇴직 후에는 인성교육 관련 재능기부를 하려고 합니다.

♥ **안남초등학교에 대한 소개 부탁드립니다.**

경남 창원시 대방동에 자리하고 있는 우리 안남초등학교는 1946년 4월 안남국민학교로 개교하였다가, 1979년 2월 28일로

폐교가 되었는데 다시 1995년 9월 1일 지금의 새로운 배움터에 자리 잡게 되었고 현재 24학급 570여 명의 학생들과 50여명의 교직원으로 구성되어 있습니다. 편안하다를 뜻하는 안(安)과 만물을 키우는데 꼭 필요한 한낮의 태양(햇빛)이 떠 있는 남쪽을 가리키는 남(南)으로 이루어진 지명으로 태양이 만물을 자라게 하되 자랑하지 않는 겸손함이 있듯이 모두가 편안하고 따뜻한 배움터에서 꿈, 정직, 겸손의 덕목을 갖추기 위해 노력하고 있습니다. 건강한 몸과 마음으로 배우고, 꿈꾸며, 서로 사랑하는 어린이로 성장하기 위해 행복한 삶을 가꾸는 어린이들이 저마다의 향기와 열매를 맺을 수 있도록 교육공동체가 최선을 다하고 있는 학교입니다.

♥ **교장 선생님의 교육관과 학교운영관을 말씀해주셨으면 합니다.**
건강한 몸과 마음으로 당당하되 겸손하고 남을 배려할 줄 알며 감사하는 마음으로 최선을 다하는 사람이 되었으면 좋겠다는 것이 저의 교육철학이며 아울러 몸과 마음이 아픈 아이도 없었으면 하는 바람도 늘 갖고 있습니다.

우리 안남초 어린이들이 역량을 가진 창의·융합형 인재로서 미래사회를 살아갈 때 올바른 판단력을 기를 수 있도록 바른 마음을 지니고 뜻을 정성스럽게 하며 사물을 궁리하여 확실한 앎에 이른다는 수신의 가치를 알고 실천하는 어린이가 되었으면 합니다.

♥ **안남초만의 특별한 교육(教育)사업에 대해 말씀해주셨으면 합니다.**

우리 학교는 건강과 인성, 두뇌를 깨우는 맨발놀이와 예술 감성을 키우는 1인 1악기 연주(오카리나)를 하고 있으며 2021학년도부터 특히 미래사회에 꼭 필요한 인간성교육(민주시민, 디지털 리터러시, 역량, 진로)을 위해 창의적 체험활동의 자율활동 시간에 전교생이 인성·한자교육을 하고 있습니다.

♥ **전교생을 대상으로 한자교육을 하시게 된 계기를 말씀해주셨으면 합니다.**

40년이 넘는 교직생활에서 항상 몸과 마음이 아픈 친구들과 인연이 되어 자신의 내면을 튼튼하게 할 수 있는 능력을 갖추도록 학력과 인성을 동시에 함양할 수 있는 방법이 없을까를 늘 고민했습니다. 그러다가 2002년 사천시 삼천포 신도분교장이라는 섬마을 학교에 근무할 때 수업연구교사, 교실수업 실천사례를 적용하면서 섬 학생들에게 재량활동 시간에 한자를 가르치기 시작했습니다. 그때는 현장연구대회에서 전국 1등급을하신 교장 선생님의 한자 그림자료를 활용하기도 하고 그림자료가 없는 경우에는 자의적인 해석으로 가르치기도 하였습니다. 또 2007학년도 방과후 교육활동으로 2년 정도, 2013학년도 교감 발령 후에는 방송 훈화 시간과 5학년 15여 명에게 교무실에서 한 달에 2시간 정도 인성교육과 연계하여 식물 관련 한자를 가르쳤습니다. 그러다가 2015년 1월 20일 인성교육진흥법이 제정되면서부터 각 시도에서 인성교육 계획 수립을 대비하는 과정에 참여하여 경남 TF팀, 인성교육 전문교원 양성과정을 이수(2017년 경상대학교 120시간, 2018년 청주 서원대학교 120시간)하고 2019년 전국 인성교육 우수교사 과정, 2020년 서울여대 인성교육 전문과정, 2021년 인성교육 선진교사 과정을 거쳐 2018년부터 현재까지 교원 인성교육 연수 강의(재능기부)를 하고 있습니다. 인성교육진흥법의 핵심가치 덕목인 예(禮), 효(孝), 정직(正直), 책임(責任), 존중(尊重), 배려(配慮), 소통(疏通), 협동(協同(협력協力))과 핵심역량(의사소통역량, 갈등해결역량)을 식물과 한자로 연관지어 가르치다가 교사들의 반응에서 색다른 콘텐츠라고 용기를 주시기에 학생들에게도 인성교육 핵심가치 덕목과 관련된 한자를 접목시켜 보고자 한자 구성원리를 활용한 인성교육을 안남초등학교 전교생에게 적용해 보니 한자에 대한 호기심과 한자에 대한 흥미, 또 올바른 인성을 가져야겠다는 아이들의 다짐에서 이 수업을 계속해 보고자 하는 마음이 생겼고 일반인들에게도 적용하면 또 다른 효과가 있을지도 모른다는 생각이 들었습니다.

♥ **교장 선생님만의 독특한 한자교육 비결에 대해 말씀해주셨으면 합니다.**

허신의 설문해자 부수 540자에서 매응조의 214자 부수로 오면서 부수자에서 제외되었던 낱자에 담긴 뜻(字素)을 뒤늦게 알게 되어 인성교육과 연관 짓게 되었습니다.

자소(字素)에는 사물마다의 특성, 자연의 섭리 등 글자 고유의 의미가 부여되어 있다는 걸 책(《부수를 알면 한자가 보인다》, 한자그림자료–전국 1등급, 박점돌 교장 선생님, 갑골문자에 관련된 한자 어원 자료 연수 등)을 통해 한자의 구성원리를 활용한 인성교육을 하자는 결심을 하고 본격적으로 2021년 우리 학교 전교생을 대상으로 한자를 가르쳤습니다.

먼저 그림자료(자료전 전국 1등급, 박점돌 교장 선생님)를 활용할 수 있는 것은 활용하고 한자가 이루어진 요소를 찾아내어 그 요소에 담긴 뜻을 풀이한 후 인성과 관련 지어 학생들의 자존감, 교우관계, 올바른 판단력 등을 가르치니 한자 학습지를 통해 한자에 대한 호기심, 흥미, 알아야겠다는 의욕, 바른 인성을 갖추어야겠다는 등 많은 변화가 일어난다는 걸 알 수 있었습니다.

♥ **학부모와 학생의 반응이 궁금합니다.**

학부모의 반응을 받아 보았는데 3학년 학부모님은 이렇게 말합니다.

"교장 선생님께서 직접 학급에 들어와서 한자 수업을 하는 것이 낯설었습니다. 이제껏 직접 아이들 학급에 들어와서 수업을 하신 교장 선생님을 뵌 적이 없었기 때문입니다. 그리고 특별한 수업을 함께한 자녀의 반응이 너무 좋아서 감사했습니다. 말과 글로만 하는 인성교육보다는 직접 아이들과 마주하고 한자를 가르쳐

주시면서 아이들에게 인성교육의 메시지를 전달하는 모습이 너무나 존경스럽습니다. 감사합니다."

6학년 학부모님은 이렇게 말합니다.

"교장 선생님께서 한자 수업을 하신다는 이야기를 아이를 통해 전해 듣고 무척 반가웠습니다. ○○이가 한자를 시작한 이후 어휘력이 많이 늘었고 교과 수업에서도 많은 도움이 되고 있어서 한자 공부를 시킨 것에 보람을 느꼈고 한자 공부가 꼭 필요하다고 생각을 하였기 때문입니다. 한자 수업을 하면서 교장 선생님의 칭찬과 격려를 받아 기분이 좋았다고 해서 엄마도 행복했습니다. 처음 한자를 시작했을 때 급수 시험 준비로 힘들어해 한자 공부를 중단한 적이 있습니다. 그 이후 저는 '한자는 필수지만 급수 시험은 필수가 아니다'라는 생각으로 한자를 시키고 있습니다. 한자 공부에 조금 지치고 있을 아이에게 교장 선생님의 재미있는 수업이 한자에 흥미를 주는 계기가 되었던 것 같습니다. 이야기를 통해 한자를 접하고 ○○이가 관심을 가지게 된 것 같습니다. 앞으로도 스트레스 받지 않고 재밌게 한자 공부를 했으면 좋겠습니다. 교장선생님과 수업하는 경우가 흔하지 않은데 이런 기회를 주신 교장선생님께 감사드리며 초등학교 때부터 조금씩 한자에 관심을 가질 수 있도록 자주 한자수업을 했으면 좋겠습니다."

♥ **한자교육을 하시면서 가장 보람 있었던 순간을 말씀해주세요.**

한자는 상(은)나라 시대에 사용했던 갑골문자가 은허 유적지에서 발견됨으로써 세상에 알려지게 되어 모두가 중국 글자라고 알고 있는데 동양문화권의 글자라는 것을 강조하고 싶지만 증명할 수 있는 학자가 아니기에 참 안타까웠습니다. 그러나 이번 한자 구성원리를 활용한 한자교육에서 3학년 학생들의 반짝이는 눈빛을 지금도 잊을 수가 없습니다. 교직 41년간 수많은 학생들을 가르쳤지만 수업 순간의 몰입도, 한 글자라도 놓치지 않으려는 의욕, 글자 속에 숨은 뜻에 대한 호기심, 배우고 익히는 기쁨의 순간 등 마스크에 가려진 그 미소를 상상하면서 한동안 저 자신이 고무되어 이제부터 한문을 공부해야겠다는 다짐을 하게 되었습니다. 교학상장이란 말이 있듯이 한 시간을 가르치기 위해(어쩌면 자의적인 해석으로 오류를 범했다는 죄책감) 다시 생각해 보고 자료를 찾는 시간이 되어 저도 많이 배우고 자신의 모자람에 대한 반성의 계기도 되었습니다.

♥ **교장 선생님께서 생각하시는 앞으로의 한자교육의 방향에 대해 말씀해주셨으면 합니다.**

전교생을 가르친 시기가 9월부터 10월 말이라 10월 9일이 한글날이기 때문에 세종대왕의 위대함을 설명하고 학생들에게 한자를 설명하기보다 먼저 우리 한글의 우수성을 강조했습니다. 배우기 쉽고, 과학적으로 만들어졌으며, 여러 소리를 자유자재로 표현할 수 있으면서 가로로도 세로로도 쓸 수 있는 아름다운 디자인의 글자라고.

그런데 '말이 많다'를 가지고 질문해 보았습니다.

'타는 말'이라고 생각하는 사람, '입에서 하는 말'이라고 생각하는 사람, '잘 모르겠어요.' 모두가 다 맞다고 했습니다. 이유를 정확히 설명해 주니 고개를 끄덕였어요.

이렇듯 한글로 표현하기 애매한 글자를 한자로 써야 하는 이유와 국어, 수학, 과학, 사회 등 우리들이 공부를 할 때 배우는 개념어들은 모두 한자어로 되어 있기 때문에 한자를 알아야만 이해력, 사고력과 창의력이 좋아져 더 많은 공부를 할 때 유리하다고 이야기를 하니 자신들끼리 꼭 한자를 배우고 싶다고 수군거리는 것 같았습니다. 가르친 보람이 있다고 생각되었지요.

그래서 저는 순수한 우리말은 더 아름답게 빛날 수 있도록 많이 쓰고 우리말 속에 들어 있는 70% 이상의 한자어들이 꼭 필요한 경우에는 반드시 뜻을 알고 정확히 써야 한다고 생각합니다. 한자의 구성원리를 가르칠 때 두 가닥 아(丫)는 이모티콘으로도 쓸 수 있는 아주 창의적인 글자라고 강조했어요. 싹이 나올 때 살아남기 위해 떡잎이 두 가닥으로 나오는데 이 자소(字素)의 모양을 살펴보면서 말 없는 식물도 살기 위한 현명함을 가지는데 우리 사람들은 더욱 자신의 장점을 살려 우리 대한민국뿐만 아니라 세계를 빛내는 인물이 안남에서 나올 것을 기대한다고 하면서 자긍심도 심어주는 계기가 된 것 같습니다.

금낭화

이기숙

주머니 속 감춰진 보물 주렁주렁 몇 호인가!
들꽃이 들려주는 법문에 귀 기울이라
산사의 큰스님 법문 메아리로 울리고
서운암 지킴나무 속 공작새도 화답한다

성급한 꼬리 공작 법당 앞을 거닐다가
금낭화의 향기에 취해 종종걸음으로 향하는 곳
하늘도 시샘하여 빗줄기로 막아도
금낭화의 빛나는 향기 인격(人格)으로 화답하라
속인에게 끊임없이 손짓하네

2017년 전국문학인꽃축제 꽃시 백일장 대상 작품

 # 아! 꽃이 피었구나
이기숙 교단 수필집

1쇄 펴낸날 2023년 2월 25일

지은이   이 기 숙
펴낸이   오 하 룡

펴낸곳   도서출판 경남
주 소   창원시 마산합포구 몽고정길 2-1
연락처   (055)245-8818
이메일   gnbook@empas.com
출판등록 제1985-100001호(1985. 5. 6.)
편집팀   오태민 심경애 구도희

ISBN 979-11-6746-095-0-03810

ⓒ 이기숙

＊잘못된 책은 바꿔 드립니다.
＊저자와 협의 인지 생략합니다.

〔값 13,000원〕